Frank&Frei

UDO ULFKOTTE

GEHEIM PLAN EUROPA

Wie ein Kontinent erobert wird

Mit einem Essay von Werner Reichel

INHALT

Vorwort zur vierten, erweiterten Auflage 5
Vorwort 13

UDO ULFKOTTE
Geheimplan Europa –
Wie ein Kontinent erobert wird
„Ihr seid das beste Volk…" 17
Das Ende der glorreichen Zeit 33
Die Muslimbruderschaft 47
Hassan al-Banna 53
Der Pakt mit den Nazis 59
Sayyid Qutb 69
Abdullah Azzam 75
Die Eroberung Europas 79
Die klug durchdachte Strategie 85
Die wahren Ziele werden verhüllt 95

WERNER REICHEL
Linker Ideologie-Funpark vor der Pleite 99

Autoren 113
Impressum 115

VORWORT
zur vierten, erweiterten Auflage

Als im Herbst 2015 hunderttausende junge Männer aus dem Islamgürtel nach Europa und insbesondere Deutschland strömten, schrieb Udo Ulfkotte den in diesem Buch abgedruckten Text. Allein in den beiden Jahren 2015 und 2016 wanderten offiziell 4.002.076 Millionen Menschen in Deutschland ein. Der Großteil von ihnen waren muslimische Armutsmigranten, die sich hier auf Einladung deutscher Willkommenspolitiker aller Parteien und ihrer Helfershelfer in Medien und Zivilgesellschaft dauerhaft niedergelassen haben.

Udo Ulfkotte warnt in seinem Buch vor den damit verbundenen Gefahren und Folgen für unsere demokratische Gesellschaftsordnung und den Rechtstaat westlicher Prägung. Die Millionen von Armutsmigranten haben ihre Konflikte, Traditionen, Clan-Strukturen, Religion und Wertvorstellungen mit ins Land gebracht. Mit ihnen sind auch viele Islamisten nach Deutschland gekommen. Über deren Strategien und Ziele schreibt Ulfkotte: „Sie verstehen die Funktionsweise unsers politische Systems. Sie kennen unser Rechtssystem. Und sie missbrauchen beides, um eine ihnen verhasste Kultur zu zerstören." Mit Erfolg, wie die vergangenen Jahre gezeigt haben.

Die vierte Auflage erscheint, während erneut zigtausende Migranten, vor allem Männer aus dem Islamgürtel, mehr oder weniger unkontrolliert über die EU-Außengrenzen in die ohnehin kaum noch finanzierbaren Sozialsysteme einwandern. Obwohl der Ansturm ähnlich groß und dramatisch wie vor sieben Jahren ist, regt sich diesmal kaum Widerstand in der Gesellschaft. Das hat damit zu tun, dass andere Krisen – der Krieg in der Ukraine, explodierende Energiepreise, drohende Versorgungsengpässe bei Energie, Gütern und Lebensmitteln, galoppierende Inflation, Rezession etc. – die neue Migrationswelle überlagern und vor allem, dass linke Politiker und Journalisten aus den Erfahrungen von 2015 gelernt haben. Die neue

Migrationswelle, die voraussichtlich noch größere Dimensionen als jene von 2015/2016 erreichen und weniger schnell abebben wird, wird vom politmedialen Establishment so gut es geht verschwiegen. Die Bürger sollen davon, was sich an den Grenzen und den Erstaufnahmezenten abspielt, erst gar nichts mitbekommen. Die linken Politiker können sich einmal mehr auf die Komplizenschaft der Medien verlassen. Der neuen Migrantenansturm ist weder Aufmacher in Zeitungen und TV-Nachrichten noch beherrscht er den öffentlichen Diskurs. Statt mit Propaganda und Desinformation einen neuen Willkommenshype zu erzeugen, setzt die Migrationslobby bei der Umsetzung ihrer Agenda diesmal auf Diskretion. Während viele, „die schon länger hier leben", nicht mehr wissen, wie sie ihr Leben finanzieren sollen, strömen mehr oder weniger unkontrolliert hunderttausende weitere Menschen, die vom überdehnten linken Umverteilungsstaat profitieren wollen, ins Land.

Erneut wird vom politmedialen Establishment das Asylsystem für die Zuwanderung und die Ansiedlung von Muslimen missbraucht, die zwingend eine Islamisierung Europas bedeutet. Je mehr Muslime in Europa leben, desto islamischer wird Europa. Die großen Medien, die diesen Prozess thematisieren und kritisieren sollten, sind längst zu Handlangern der herrschenden Politikerklasse verkommen. Von ihnen sind weder objektive Berichterstattung noch kritischer Journalismus zu erwarten. Deshalb sind Bücher wie dieses wichtig, weil sie jene Informationen bereitstellen und verbreiten, die vom politmedialen Establishment unterdrückt, bestritten und zunehmend auch kriminalisiert werden.

Obwohl dieser Text von Udo Ulfkotte 2015 verfasst wurde, hat er nichts an Aktualität verloren, zumal er mit seinen Analysen, Warnungen und Prognosen im Gegensatz zu den in Medien und Politik omnipräsenten linken Experten vollumfänglich recht behalten hat. Leider. Die Islamisten haben ihre Strategien, die Ulfkotte hier beschreibt, seit 2015 weiter erfolgreich umgesetzt, sind ihren Zielen einen großen Schritt nähergekommen, üben in der deutschen Gesellschaft und im Staat einen immer größeren Einfluss aus.

Vieles, was in den 2010er Jahren noch als Verschwörungstheorie, rechte Propaganda oder Panikmache galt, ist längst zur (neuen) Normalität geworden, prägt mittlerweile den Alltag der Bürger. Unsere Gesellschaft wird Schritt für Schritt gemäß der derzeit noch auf einer Linie liegenden Pläne der Linken und der Islamisten transformiert, die Bürger werden langsam an die künftigen, postdemokratischen Verhältnisse gewöhnt. Udo Ulfkotte war seiner Zeit voraus. Deshalb ist es erfreulich, dass dieses gut recherchierte und wichtige Buch, das viele Informationen enthält, die die Mainstreammedien verschweigen und ignorieren, schon so viele Leser gefunden hat und nun in der vierten Auflage vorliegt.

Sie ist mit einem von Werner Reichel verfassten Text erweitert worden. Dieser Essay ist 2020, im ersten Jahr der Corona-Pandemie, entstanden. Er hat im Internet große Beachtung und Verbreitung gefunden. 2022 hat der deutsch-libanesische Filmemacher Imad Karim auf Grundlage dieses Textes die Dokumentation „Dekadenz – Jubelnd in den Untergang“ gedreht, die allein auf YouTube bisher von rund einer halben Million Menschen gesehen worden ist.

Die beiden Texte nähern sich demselben Problem und Themenfeld von zwei entgegengesetzten Seiten. Während Ulfkotte von außen analysiert, wie Islamisten Europa gezielt unterwandern und dessen Strukturen zerstören, beschreibt Reichel aus der Innenperspektive, wie die Europäer bzw. deren Eliten den Boden bereitet, erst die Voraussetzungen für diese Transformationsprozesse geschaffen haben. Warum Europa nicht mehr willens oder in der Lage ist, seine Grenzen, Territorien, Interessen und Bevölkerungen zu schützen. Wie Europa seinen Niedergang in Form einer gezielten Überführung in eine islamisch geprägte Dritte-Welt-Region, man könnt es auch als selbst induzierte islamische Kolonisierung bezeichnen, vorantreibt, warum die Armutgsmigranten aus dem Islamgürtel nach Europa und nicht nach China, in die reichen Golf- oder die fernöstlichen Industriestaaten strömen. Beide Texte, die auf den ersten Blick sehr unterschiedlich erscheinen, ergänzen sich, ergeben zusammen ein schlüssiges Gesamtbild, eine Erklärung für den Zustand und die Verfasstheit der westlichen Gesellschaft und für den Niedergang Europas.

Reichel hat in seinem Essay vor zwei Jahren beschrieben, was jetzt mit voller Wucht über uns hereinbricht. Er zeigt auf, dass die Krisen nicht durch externe Faktoren ausgelöst worden sind, nicht Russland und dem Ukraine-Krieg, nicht der Corona-Pandemie oder der Bevölkerungsexplosion in Afrika angelastet werden können, sondern hausgemacht, von vielen politischen und gesellschaftlichen Akteuren gezielt herbeigeführt worden sind.

In diesem schmalen Buch kann der Leser mehr über die Ursachen und Hintergründe der aktuellen Krisen und den kulturellen Selbstmord Europas erfahren, als in den unzähligen Analysen, Einschätzungen, Kommentaren und Berichten der Zeitgeist-Experten, die ohnehin nichts anderes als linke Ideologen und Herolde der Mächtigen sind. Es straft all jene Lügen, die nun und in absehbarer Zukunft behaupten, man hätte das nicht wissen und vorhersehen können.

Wien, im September 2022

VORWORT

Im Herbst 2015, als die politisch induzierte und medial inszenierte Welcome-Refugee-Euphorie ihren Höhepunkt erreicht hatte, startete der damals neu gegründete Verlag Frank&Frei ein Buchprojekt. Thema war die Einwanderungswelle aus dem islamischen Raum und ihre Auswirkungen auf die europäischen Gesellschaften.

Mehrere Autoren wurden eingeladen, daran mitzuwirken. Unter anderem Udo Ulfkotte. Dieser erklärte sich, ohne zu zögern, bereit, einen Text abzuliefern. Wenige Wochen später war sein Beitrag fertig.

Aus verlagsinternen Gründen wurde die Veröffentlichung immer wieder verschoben. Am 13. Jänner 2017 verstarb Udo Ulfkotte überraschend. Nun hat sich der Verlag entschlossen, diesen Text zu veröffentlichen. Vor allem deshalb, weil der im Jahr 2015 entstandene Essay nichts von seiner Aktualität und Brisanz verloren hat. Im Gegenteil. Die Entwicklungen und Gefahren, die Udo Ulfkotte damals beschrieben und vor denen er so eindringlich gewarnt hatte, bestätigten und verstärkten sich allesamt.

Trotz mutiger Warner wie Udo Ulfkotte, trotz der offenkundigen Fehlentwicklungen in so gut wie allen gesellschaftlichen Bereichen, treibt das politische Establishment Europa weiter in Richtung Abgrund, verrät die Werte der Aufklärung, verspielt die Errungenschaften unserer abendländischen Kultur und zerstört die Zukunft unserer Kinder.

Seit Udo Ulfkotte diesen Text geschrieben hat, sind viele weitere gewaltbereite Islamisten nach Europa geströmt. Niemand wollte oder konnte sie daran hindern. Ein Ende oder Umdenken ist auch jetzt, nachdem der blutige islamistische Terror in Europa allgegenwärtig ist, nicht in Sicht.

Und Europa schließt die Augen. Das ist der letzte und wenig optimistische Satz in diesem Buch. Hoffentlich hat sich Udo Ulfkotte zumindest in diesem Punkt geirrt. Vielleicht hilft die Veröffentlichung dieses Textes, dass weitere Menschen in Deutschland und Österreich ihre politisch korrekten Scheuklappen ablegen und sich endlich der Realität stellen.

Eines ist dieses Buch aber in jedem Fall: Ein wichtiges Dokument, das all jene Lügen straft, die in nicht allzu ferner Zukunft behaupten werden, sie hätten von all dem nichts gewusst.

Wien, im März 2018

„IHR SEID DAS BESTE VOLK…“

Etwa 80 Prozent jener „Flüchtlinge“, die seit 2015 in großer Zahl vor allem nach Österreich und Deutschland strömen, sind muslimischen Glaubens. Viele muslimische Führer haben in den vergangenen Jahrzehnten offen angekündigt, mit solchen Migrationsbewegungen Europa von innen heraus islamisieren zu wollen. Der längst vergessene libysche Staatsführer al-Gaddafi hatte uns das vorausgesagt, ebenso der türkische Politiker Erdoğan. Auch die Kämpfer des Islamischen Staates (IS) äußern sich so. Wir wollen das alles nicht hören. Wir begrüßen die vielen muslimischen „Flüchtlinge“ lieber mit einer „Willkommenskultur“. Man sollte dazu allerdings zumindest die Grundzüge der Denkweise dieser muslimischen „Flüchtlinge“ kennen.

Alle Angehörigen einer Religionsgemeinschaft sehen es als selbstverständlich an, der „richtigen“ Religion anzugehören. Daran ist nichts Verwerfliches. Nur gebietet der Koran Muslimen überall auf der Welt zu bestimmen, was gut und was schlecht ist. Denn Muslimen kommt nach dem Selbstverständnis ihrer Religion überall auf der Welt die führende Rolle zu. Die entsprechende Koransure (Sure 3, Vers 110) lautet: „Ihr (Gläubigen) seid die beste Gemeinschaft, die unter den Menschen entstanden ist. Ihr gebietet, was recht ist, verbietet, was verwerflich ist, und glaubt an Gott." Ein Blick in die Geschichte des Islam zeigt, dass dieser Führungsanspruch des Islam bis in die Gegenwart fortbesteht und einer der Gründe dafür ist, warum auch friedfertige Muslime Schwierigkeiten damit haben, Islamisten in ihren Reihen bloßzustellen und aus ihrer Gemeinschaft auszuschließen.

Anfang des 7. Jahrhunderts gehörte die gesamte Welt des Mittelmeeres noch zur Christenheit. Auf europäischer, nahöstlicher und afrikanischer Seite lebten fast ausschließlich Christen verschiedener Glaubensrichtungen. Natürlich gab es auch Minderheiten wie etwa den Judaismus. Doch der Einflussbereich der christlichen Welt war groß. Ja, er reichte gar bis in die arabische Welt hinein, in der vor Mohammed unter den heidnischen Völkern auch Christen und Juden lebten.

Mit der Offenbarung des Islam änderte sich das alles.

Als der Religionsgründer Mohammed im Jahre 632 (nach unserer christlichen Zeitrechnung) starb, da hinterließ er seinen Anhängern ein blühendes Gemeinwesen. Binnen weniger Jahre hatte der Kaufmann weite Teile der Arabischen Halbinsel diesem Gemeinwesen, das der Koran verband, zugeführt.

Aus der Sicht eines friedfertigen, gläubigen Muslims ist der Islam letztlich nicht etwas völlig anderes als das Judentum und das Christentum. Denn auch Letztere sind Buchreligionen, die den Menschen zu unterschiedlichen Zeiten offenbart wurden. Nach dieser Auffassung gibt es nur eine wahre Offenbarung, die einst auch Juden und Christen zuteil geworden ist. Strenggläubige Muslime aber glauben, dass sich Juden und

Christen im Laufe der Jahrhunderte von der ursprünglichen Offenbarung immer weiter entfernt haben. Nach wie vor betrachten Muslime die Juden und Christen als Anhänger einer „falschen“ Religion. Die Juden haben nach dieser Auffassung die Offenbarung verraten und die Christen haben sie falsch verstanden. Das wiederholen Muslime heute Tag für Tag, wenn sie beim Beten die Fatiha (1. Sure des Koran) zitieren, in der es heißt: „Führe uns den geraden Weg, den Weg derer, denen Du Gnade erwiesen hast, und nicht den Weg derer, die Deinem Zorn verfallen und irregehen!“ Dem Zorn verfallen sind also Juden und irregegangen die Christen. Wer seinen Dialogpartner so betrachtet, kann es mit dem Dialog nicht wirklich ernst meinen.

Aus der Perspektive der absoluten Überlegenheit der Offenbarung des Koran wurde Mohammed – als „Siegel des Propheten“ – letztmalig die einzig wahre und authentische Offenbarung des göttlichen Gesetzes zuteil. So wie im Falle Moses‘ und der Tora, so wie im Falle von Christus und den Evangelien, so ist auch Mohammed ein Mensch, der den Zugang zum unvergänglichen Werk Gottes (Allahs) – des Koran – erleichtern soll.

Aus der Sichtweise, wonach Mohammed letztmalig als „Siegel der Propheten“ den nach jeder vorherigen Offenbarung verunstalteten göttlichen Text zu den Menschen gebracht hat, kann es nach dieser Offenbarung keine neue Religion mehr geben. Das wäre Häresie und Abfall vom wahren Glauben. Anhänger der Religion der Bahai im Iran, die in der zweiten Hälfte des 19. Jahrhunderts entstand, werden vor diesem Hintergrund heute noch verfolgt und nicht selten allein wegen ihres Glaubens hingerichtet. Juden und Christen jedoch genießen im Islam einen besonderen Schutz. Denn ursprünglich wurde ja auch ihnen die Offenbarung Allahs zuteil. Nur haben sie sich im Laufe der Jahrhunderte immer weiter von der ursprünglichen Offenbarung entfernt. Aus dieser Sichtweise ist es konsequent, dass Muslimen in der Weltordnung Allahs gemäß Sure 3, Vers 110 eine besondere Stellung – die vorrangige – zukommt.

Die „Islamische Gemeinschaft deutschsprachiger Muslime Berlin und Freunde des Islam e.V." erklärt im Internet auf ihrer Website unter der Rubrik „Der Islam: Das Wichtigste auf einen Blick", dass ein Muslim, der das Glaubensbekenntnis zum Koran abgelegt habe, etwas ganz Besonderes sei: „Er gehört dann der weltweiten Gemeinschaft der Muslime an, von der es im Quran heißt: ‚Ihr seid das beste Volk, das zum Wohle der Menschheit entstand; ihr gebietet das Rechte und verwehrt das Unrechte und glaubt an GOTT'." Das aber ist der Hinweis auf Sure 3, Vers 110.

Zum Verständnis des Anspruches auf Weltherrschaft und Expansion gilt es jedoch, einen wichtigen Unterschied zwischen Islam und Christentum hervorzuheben. Im Gegensatz zum Christentum ist der Islam nicht „nur" eine Religion. Während das Christentum einen klaren Trennungsstrich zwischen Politik und Religion zieht (auch wenn sich manche Parteien auf der Jagd nach Wählerstimmen vordergründig als „christlich" bezeichnen und auch Kirchenmänner schon mal politische Macht ausüben), ist der Islam eine politische Religion. Der Idealzustand eines muslimischen Gemeinwesens ist die weltliche Theokratie, in der das soziale, politische und wirtschaftliche Umfeld einzig und allein nach dem Koran geregelt wird. Der Islam ist eben nicht nur eine Religion. Er bestimmt das Leben eines Menschen von der Geburt bis über den Tod hinaus. Der Islam regelt den Wirtschaftsverkehr, die Rechtsordnung, das Leben in der Gesellschaft, das Verhältnis zwischen Mann und Frau, eben einen jeden Bereich des Lebens. Wir haben in unserer europazentrischen, rein westlichen Sicht den Islam heute im öffentlichen Bewusstsein auf eine „Religion" und auf das Transzendente reduziert. Daher verstehen wir es nicht oder halten es für einen Scherz, wenn Muslime etwa in Berlin-Kreuzberg für mehrheitlich von Muslimen bewohnte Gebiete die Abschaffung der deutschen Rechtsordnung und die Einführung der Scharia fordern. Für einen strenggläubigen, friedfertigen Muslim (das hat nichts mit Islamismus zu tun) ist eine solche Denkweise jedoch eine konsequente Forderung, in der eigenen Umgebung nach dem Regelwerk des göttlichen Koran leben zu wollen.

Dieser von Anfang an politische Islam feierte wenige Jahre nach dem Tode Mohammeds im siebten Jahrhundert unermüdliche Siege. Auch Byzanz und Persien – die beiden großen Reiche, die den Mittleren Osten unter sich aufgeteilt hatten – wurden angegriffen. Das Persische Reich kam unter muslimische Vorherrschaft. Dem Römischen Reich von Byzanz (später Konstantinopel, heute Istanbul) wurden Syrien, Palästina, Ägypten und Nordafrika entrissen. Die Erfolgsgeschichte des von Mohammed begründeten Islam schien dank des „Heiligen Krieges" (Dschihad) gegen die „Ungläubigen" unaufhaltsam.

Im Jahre 711 setzte der Feldherr Tarik auf die nördliche Seite des Mittelmeeres über. Die Gegend, von der aus Tarik die Überfahrt wagte, wurde später nach ihm benannt. Der „Berg des Tarik" heißt im Arabischen „Dschebel al-Tarik". Wir Europäer haben das als Dschibraltar/Gibraltar verballhornt und wissen kaum noch um die historische

Bedeutung des „Dschebel al-Tarik". Die Expansion des Islam ging somit weit über die arabische Welt hinaus. Bald wurde die christlich-abendländische Welt in einer Zangenbewegung von zwei Seiten bedroht: Im Osten rückten die Heere der Muslime aus Syrien und dem Irak gegen das damals griechisch-christliche Anatolien (heute Türkei) vor, während die Berber im Westen Spanien eroberten und über die Pyrenäen hinaus vordrangen. Kurze Zeit waren auch Sizilien und Teile Süditaliens in der Hand muslimischer Armeen. Zwar wurde dieser Vormarsch unter der Führung von Karl Martell 732 in der Schlacht von Tours und Poitiers im Westen Europas beendet, doch ging die Expansion im Osten weiter. Manche Völker ergaben sich freiwillig, andere wurden mit Feuer und Schwert erobert. Erst an den Grenzen von Indien und China wurde dem Islam Einhalt geboten.

Der Islam, daran gab es in damaliger Zeit für einen gläubigen und friedfertigen Muslim keinen Zweifel, war ein Erfolgsmodell. Der Islam, so musste es allen Muslimen erscheinen, war eine Religion des politischen Erfolges, der „Heilige Krieg“ von Siegen gekrönt. Aus dieser Sichtweise war das vom Islam vermittelte Weltbild in sich stimmig. Die eingangs erwähnte Sure 3, Vers 110 begründete den Überlegenheitsanspruch von Muslimen gegenüber allen anderen Menschen auf der Welt.

Und das, was im Koran verheißen wurde, schien mit der Wirklichkeit übereinzustimmen. Nur Muslime, so entspricht es dem reinen und unabänderlichen Willen Allahs, sollen auf Erden über allen anderen herrschen. Das Selbstverständnis, zu entscheiden, was gut ist, und zu verbieten, was verwerflich ist, führte später zur Entstehung der Religionspolizei, die wir in den Neunzigerjahren noch unter den Taliban in Afghanistan und derzeit etwa in Saudi-Arabien vorfinden. Auch die Religionspolizei in Saudi-Arabien beruft sich auf den Grundsatz gemäß Sure 3, Vers 110 „Al-amr bi-l-maᶜrūf wa-n-nahy ᶜani-l-munkar“ (Gebieten, was recht ist – und verbieten, was unrecht ist). Und an der islamischen Universität von Mekka gibt es bis heute einen Lehrstuhl, der sich ausschließlich mit Sure 3, Vers 110 befasst. Einem friedfertigen Muslim musste das vom Koran vermittelte Weltbild in der Anfangszeit des Islam stimmig und in sich geschlossen erscheinen. Die beste Gemeinschaft der Menschen in jeder Epoche ist aus dieser Sicht die Gemeinschaft der Muslime.

Über Jahrhunderte hatte diese in sich gefestigte und alle Bereiche des Lebens betreffende Ordnung Bestand. Dieses gefestigte Regelwerk eines friedfertigen, gläubigen Muslims ist über viele Jahrhunderte gewachsen. Wenn ein Muslim in den Jahren nach dem Tode des Religionsstifters in der Moschee den Worten des Vorbeters lauschte, dann war dieses Weltbild stimmig und es gab keinen Anlass, es zu hinterfragen. Ein Muslim, der die Worte des Koran hörte und aus dem Fenster schaute, der fand die Welt genauso vor, wie sie im Koran verheißen und beschrieben wurde.

Über viele Jahrhunderte war der Islam somit ein Erfolgsmodell. Und Sure 3, Vers 110 [„Ihr

Gläubigen] seid die beste Gemeinschaft…") schien sich Jahr für Jahr aufs Neue zu bestätigen. Die Einteilung der Welt in „Rechtgläubige" (Muslime) und jene, die den Islam „falsch interpretieren" (Juden und Christen) schuf den Rechtsstatus der „Dhimmi" (Schutzbefohlene, also Juden und Christen), die mit eingeschränktem Rechtsstatus geduldet und staatlicherseits geschützt wurden. „Dhimmi" zahlten eine Kopfsteuer, die höher war als die von Muslimen zu entrichtende Almosensteuer. „Dhimmi" dürfen bis heute die Stadt Mekka nicht betreten. Vor Gericht in einem muslimischen Land gilt ihr Zeugnis weniger als die Aussage eines Muslims. Als Zeuge in Prozessen gegen Muslime dürfen „Dhimmi" nicht auftreten. Ein männlicher „Dhimmi" darf keine Muslima heiraten, ein Muslim darf aber eine „Dhimmi-Frau" heiraten (die dann zum Islam konvertieren muss). Letztlich resultierte (und resultiert auch in der Gegenwart) aus dem „Dhimmi-Status" der Nichtmuslime eine gewollte ständige Demütigung aller Nichtmuslime. Diese förderten Muslime in früheren Jahrhunderten etwa durch den Zwang, dass Juden deutlich Kleidungsstücke tragen mussten, die sie als Juden kennzeichneten („Judenhut").

Die Behauptung, wonach der Islam eine tolerante Religion sei, ist bei näherer Betrachtung eine reine Propaganda-Behauptung. Einer Überprüfung hält diese Aussage nicht stand. Man muss heute nicht bis nach Saudi-Arabien reisen, um festzustellen, dass Christen in muslimischen Ländern keine Kirchen bauen dürfen. Die viel gerühmte säkulare Türkei, in der Staat und Religion angeblich seit Atatürk voneinander getrennt sind, belegt ebenso eindrucksvoll, wie schwer es für Christen in einem säkularen, mehrheitlich muslimischen Staat in der Gegenwart ist, eine christliche Kirche zu bauen: Es ist beinahe unmöglich.

Heute wird Sure 3, Vers 110 von immer mehr Muslimen hinterfragt. Denn Muslime haben in der heutigen Welt längst den Führungsanspruch verloren. Seit dem Zeitalter der Industriellen Revolution haben sie keinen wirklichen Anteil mehr an der Geschichte.

Alle wesentlichen Erfindungen, alle kulturellen Glanzleistungen der Neuzeit, sie alle stammen aus der nichtmuslimischen Welt. Eine in verschiedenen Internet-Foren kursierende Mail verdeutlicht die Erklärungsnot vieler Muslime, Koransure 3, Vers 110 und die Realität in der heutigen Welt wieder in Einklang zu bringen. Die deutsche Übersetzung des arabischen Textes lautet: „Allah, für uns bedeutet das, dass wir die Besten in jeglicher Hinsicht sind. Zu unserer Überraschung müssen wir aber feststellen, dass fast alle der heutigen Leistungen durch die Ungläubigen erbracht werden. (…) Wie kann es sein, dass diese Ungläubigen einen Fuß auf einen anderen Planeten setzen, der von dir geschaffen wurde? Ein weiterer verwirrender Aspekt für uns ist der medizinische Aspekt. All die modernen lebensrettenden Drogen und Medikamente wie Penicillin, Antibiotika, Röntgenstrahlen, Chemotherapie, CT-Scan, Ultraschall, Mammografie wurden von Ungläubigen erfunden. Wir hassen es, das zuzugeben, aber Allah, wir haben keine andere Wahl. Unser Leben hängt von diesen Ungläubigen ab. Warum ist das so, Allah?“

Längst vergessen ist jene Zeit, in der der Islam den Westen inspirierte.

DAS ENDE DER GLORREICHEN ZEIT

War die Geschichte dem Islam über Jahrhunderte hin wohlgesonnen, so änderte sich das im Laufe der Zeit. Weil es Hunderte Bücher über die Geschichte der muslimischen Welt gibt, beschränken wir uns hier auf einige wichtige Kerndaten. Etwa das Jahr 1798. In jenem Jahr stand Napoleon am Fuße der Pyramiden. Französische und auch britische Soldaten kamen nach Ägypten – also in muslimisches Kernland. Und von 1830 an eroberte Frankreich auch Algerien. Französische Siedler strömten in die Kolonie und verdrängten einheimische Bauern in weniger fruchtbare Gebiete. Zur gleichen Zeit versuchte Paris auch seinen Einfluss auf Marokko auszudehnen. 1881 wurde Tunesien französisches Protektorat. Die Beispiele ließen sich endlos fortsetzen.

Nicht die islamische Welt expandierte, sondern die Welt der „Ungläubigen". Für einen friedfertigen Muslim musste sich zwangsläufig die Wahrnehmung der realen Welt ändern: Die wichtigsten Erfindungen, das Zeitalter der Industriellen Revolution, die Ausbreitung westlicher Vorherrschaft über weite Teile der Welt – all das fand ohne Zutun von Muslimen statt. Im Gegenteil, Muslime wurden zu Befehlsempfängern. In Ägypten etwa gaben Briten den Ton an, die nahöstliche Welt wurde von „Ungläubigen“ aufgeteilt und kolonialisiert.

Spätestens in jenen Jahren wurde die Unzulänglichkeit der islamischen Welt deutlich sichtbar. Als die Franzosen Ende des 18. Jahrhunderts Ägypten besetzten, da ließen sie islamische Handschriften und Bücher ins Französische übersetzen. Sie gaben sich große Mühe, die Sprache der Araber zu studieren. Sie entwickelten Wörterbücher und Etymologien. Erstaunt stellten die Franzosen und auch die Engländer fest, dass es auf der arabischen Seite nichts Vergleichbares gab. Die Araber, Perser und Türken besaßen keine Grammatiken oder Wörterbücher einer westlichen Sprache. Im Jahre 1828 fertigte erstmals ein Araber ein arabisch-französisches Wörterbuch an – es war ein ägyptischer Christ (Kopte). Das Gefühl der Zeitlosigkeit war (und ist es auch heute noch) charakteristisch für die islamische Welt. Im Grunde verändert sich auf der Welt nichts. Aus dieser Perspektive heraus wird der amerikanische Präsident Bush in der Gegenwart mit den Kreuzrittern des Mittelalters verglichen. So wie schon die klassische islamische Zivilisation den Westen entschieden ablehnte, so sträubt man sich auch heute noch gegen alle Einflüsse, die von außen kommen. Die intellektuelle und wissenschaftliche Neugier ist in der islamischen Welt nicht ausgeprägt. Vor diesem Hintergrund konnte der Islam mit vielen Entwicklungen nicht Schritt halten. Die Trotzreaktion der Muslimbruderschaft, die Uhren heute wieder in die Zeit nach dem Tode Mohammeds zurückdrehen zu wollen, mag unter dem Slogan „Der Islam ist die Lösung“ auf viele Muslime anziehend wirken. Eine wirkliche Lösung für die offenkundig vorhandenen Defizite ist das aber nicht.

Einer der Gründe für die Entwicklungsdefizite der arabischen Staaten des Nahen Ostens ist gewiss eine Wirtschaftsform, die sich an die Entwicklungen der Umgebung nicht anzupassen vermochte. Mohammed und auch seine erste Frau waren handelsorientiert. Handwerkliche Berufe waren in der Frühzeit des Islam verpönt und Juden oder Christen vorbehalten. Die vorherrschende Handelsorientierung führte zur Vernachlässigung etwa der Waffenschmiede. Damit war voraussehbar, dass sich die Technologieschere zwischen islamisch besiedelten Gebieten und dem Westen immer weiter öffnen würde.

Der jahrhundertealte Glaube an die Überlegenheit des „Dar al-Islam“ (Haus des Islam) war schon 1683 an den Mauern von Wien zerschellt. Seither ging es mit der Vorherrschaft von Muslimen in der Welt ständig bergab. Der Glaube an die Überlegenheit des Islam gegenüber allen anderen Religionen war lange schon gebrochen.

Die wichtigste Reaktion auf diese Entfremdung vom ursprünglichen Islam und dem Glauben an seine Überlegenheit hat bis heute überlebt. Das ist der Wahabismus. Er ist eine Abwehrreaktion auf alle Einflüsse, die von außen in den Kernraum des Ur-Islam hineingetragen wurden. Muhammad ibn Abd al-Wahhab (1703-1792) war der erste, der die Rückkehr zum „wahren Islam der Vorgänger" als einzige Lösung von allen Problemen predigte. Der „wahre Islam" ist nach wahabitischer Lehre nur in der Rückwärtsgewandheit zu finden. Alles später Hinzugekommene war für ihn verwerfliche Erneuerung, die bekämpft werden musste. „Wahre" Muslime waren für ihn nur jene, die seiner Lehre folgten, alle anderen mussten bekämpft werden. Ein Bündnis ibn Abd al-Wahabs mit einem Stammesführer, Muhammad ibn Saud, im Jahre 1745 verlieh der Bewegung der Wahabiten die notwendige Schlagkraft für die Unterwerfung aller Stämme seines Einflussbereiches unter den „wahren" (rückwärtsgerichteten) Islam. 1773 eroberten die Wahabiten Riad und gründeten einen islamischen Staat, in dem die Menschen nur noch nach den Geboten des Koran und der Scharia lebten. 1924 eroberten die Wahabiten (Saudis) den Hidjaz. 1932 gründeten sie das Königreich Saudi-Arabien. Der

Wahabismus war somit auf dem Gebiet des heutigen Saudi-Arabien eine Erfolgsreligion. Er knüpfte mit seiner Ideologie an den Ur-Islam an und vermochte, was das Osmanische Reich in jenen Jahrzehnten schon längst nicht mehr konnte: den Herrschaftsbereich der Muslime ausweiten.

Am Ende des Ersten Weltkrieges geschah etwas Ungeheuerliches. Das Osmanische Reich, einziges noch verbliebenes muslimisches Großreich, wurde zerschlagen. Und es kam noch schlimmer: Das Kalifat wurde abgeschafft. Was uns Europäern als Relikt der Geschichte erscheint, hat für gläubige Muslime eine tiefe Bedeutung. Das Kalifat ist das Amt des „Nachfolgers des Gesandten Allahs". Nach dem Tode von Mohammed hatten seine Nachfolger den Titel „Chalifat Rasul Allah" angenommen. Die späteren Dynastien der verschiedenen Kalifen (Omayyaden, Abbasiden, Fatimiden und Osmanen) nahmen mit der Entmachtung des türkischen Sultans ein abruptes Ende: 1924 schaffte die neue säkulare türkische Regierung das letzte Kalifat offiziell ab. Nach orthodoxer islamischer Lesart ist aber eine rechtmäßige Herrschaft in einem mehrheitlich muslimischen Gemeinwesen nur in einem Kalifat möglich. Denn der jeweilige Kalif ist als Nachfolger Mohammeds allein mit der politischen und religiösen Führung der Gemeinschaft der Gläubigen betraut. Über dem Kalifen steht allein das religiöse Gesetz, die Scharia. Diese Kalifatstheorie zwingt gläubige Muslime dazu, danach zu streben, unter allen Umständen wieder in einem Kalifat zusammenzuleben. Weil der Koran, das „göttliche Gesetz", in dem die Institution des Kalifats aus Sure 38 abgeleitet wird, von Menschen nicht verändert werden kann, haben die Anhänger der Kalifatstheorie überall in der Welt Zulauf.

Während der durchschnittliche Mitteleuropäer mit dem Begriff Kalifat kaum mehr als ein Märchenreich verbindet, hat die amerikanische Regierung die dahinter stehende Gefahr erkannt. Durchschnittlich vier Mal benutzte der US-Präsident Obama in jeder seiner Reden zum Thema Terrorismus das Wort Kalifat. Doch niemand griff es auf. Weil niemand die dahinter verborgene Ideologie kannte. Vor diesem Hintergrund berichtete die amerikanische Zeitschrift „Newsweek" unter der Überschrift „Caliwho?": „Das Schöne an dem Wort `Kalifat` ist, dass außer Studenten der islamischen Geschichte niemand eine vage Vorstellung davon hat, was das eigentlich bedeutet." So wurde denn in dem Artikel auch nur die historische Bedeutung des Kalifats erklärt. Was die Wiedererrichtung des Kalifats für Islamisten heute bedeutet, verschwieg der Bericht. Dabei ist der Glaube an das Wiederauferstehen des Kalifats das, was alle Islamisten der Gegenwart verbindet. Ohne ein Grundverständnis des Kalifats kann man weder die Muslimbruderschaft noch das weltweite Wirken ihrer Tarnorganisationen begreifen.

Terrorismus-Fachmann Berndt Georg Thamm schreibt in einem lesenswerten Beitrag über die „Gewalt der Legenden" zum Kalifat: „Für uns Europäer mag dies schwer begreiflich sein, weil wir gelernt haben, den Bereich des Staates und den der Religion zu trennen. Diese Trennung kennt der Islam nicht, Staat und Religion sind vielmehr eine

Einheit. Der Heilige Krieg um die Errichtung eines Kalifats will eigentlich den irdischen Anfechtungen der letzten 1300 Jahre entgegenwirken, um wieder ein muslimisches Reich ohne diese Trennungen zu errichten." Eine solche Einheit habe es in der frühislamischen Zeit Mohammeds und seiner ersten Nachfolger (Kalifen), in denen der Idealzustand eines muslimischen Gottesreiches praktiziert wurde, wenn auch nur für kurze Zeit (632 bis 661), gegeben. Selbst die Ultra-Fundamentalisten, zum Beispiel die Taliban, sahen und sehen in dieser idealisierten Vergangenheit ein erstrebenswertes Ziel für Gegenwart und Zukunft. Thamm schreibt weiter: „Niemanden stört, dass es nicht im Zeitraum einer Dekade oder einer Generation erreicht werden kann. Man behilft sich, indem man Ziele anstrebt, die näher liegen und den jeweiligen Ethnien und die der geschichtlichen Überlieferung in dieser Region sehr viel eher Rechnung tragen und mit denen sich vor allem die Bevölkerung und die Kämpfer selber sehr viel eher identifizieren können."

Nichtmuslimische Mitteleuropäer kennen das Kalifat heute nur noch aus Märchen, den „Kalifen von Bagdad“ etwa oder aus dem Märchen „Kalif Storch“. Eine tiefere Bedeutung hat das Kalifat für uns heute nicht mehr – im Gegensatz zu Muslimen. Dem trugen und tragen Bewegungen Rechnung, die wir eher belächeln. Der „Kalif von Köln“ etwa, Metin Kaplan, der vor einigen Jahren noch mit allen ihm zur Verfügung stehenden Mitteln in der Türkei wieder ein Kalifat errichten wollte.

Doch Metin Kaplan ist kein Einzelfall. Denn das Kalifat ist gemeinschaftliche Glaubenspflicht, im Gegensatz zu individuellen Glaubenspflichten (Fasten, Pilgerfahrt). Der Wiedererrichtung des Kalifats haben sich Dutzende, ja Hunderte islamische Gruppen verpflichtet, die es zum Wohle aller Muslime nach dem „göttlichen Gesetz“ neu beleben möchten.

In deutscher Sprache stellt etwa die muslimische Internet-Seite www.kalifat.org das Kalifat und seine Bedeutung unter der Überschrift „Das Kalifat – Nur noch eine Frage der Zeit…" mit folgenden Worten vor: „Das Kalifat ist ein Regierungssystem, das durch Qur'an und die Sunna des Propheten s. für die Muslime bestimmt wurde." Das Kalifat habe etwa 1300 Jahre existiert, bis Mustafa Kemal – genannt Atatürk - dieses „göttliche Regierungssystem 1924 abschaffte". Zu seiner besten Zeit habe das Kalifat als „Grundlage für ein goldenes Zeitalter der islamischen Zivilisation" gedient. Die Welt sei „Zeuge eines bewundernswerten technologischen Fortschrittes, der die Grundlage für die spätere industrielle Entwicklung Europas bildete", gewesen. In jener Zeit hätten unterschiedliche Religionen in einem multiethnisch zusammengesetzten Staat unter Führung der Scharia friedlich zusammengelebt.

Auf der gleichen Seite wird hervorgehoben, wie wichtig die Rückkehr zu einem Kalifat für Muslime heute sei: „Die Aufstellung eines Kalifen ist eine Pflicht für alle Muslime in allen Teilen dieser Erde. Und die Erfüllung dieser Pflicht – gleich der Erfüllung jeder anderen Pflicht, die Allah den Muslimen vorgeschrieben hat – ist eine unabdingbare Aufgabe, bei der man keine Wahl hat und die keinesfalls vernachlässigt werden darf. Jede Vernachlässigung in der Erfüllung dieser Pflicht stellt eine der größten Sünden dar, die Allah aufs Härteste bestrafen wird."

Auch die deutschen Verfassungsschutzämter haben inzwischen registriert, dass viele Muslime (auch in Deutschland) die Rückkehr des Kalifats wünschen. Mit einer freiheitlich-demokratischen Grundordnung ist ein Kalifat jedoch nicht zu vereinbaren. Vor diesem Hintergrund schreibt etwa das nordrhein-westfälische Landesamt für Verfassungsschutz: „Ein Jahr nach Gründung der Republik Türkei (1923) wurde das Amt des Kalifen ersatzlos abgeschafft. Seit dem besteht unter vielen Muslimen der Wunsch nach einer Wiedereinführung des Kalifats." In seiner Bewertung teilt das Amt dann mit: „Die Vorstellungen von einem Kalifat, das diese Gruppierungen als einzig richtige Form der islamischen Herrschaft ansehen, gründen sich auf die oben genannten Phasen der geschichtlichen Entwicklung dieses Amtes.

Der Kalif soll nach diesen Überlegungen sowohl die höchste religiöse als auch die oberste weltliche Autorität innehaben. In seiner Person verbindet sich so religiöse und weltliche Macht, wodurch die von Islamisten vertretene These von der Zusammengehörigkeit von Religion und Staat verwirklicht würde. Eine entsprechende politische Ordnung trägt deutliche Züge totalitärer Herrschaft und steht damit im Widerspruch zu den westlichen Begriffen von Freiheit, Demokratie und Menschenrechten."

Hunderte islamische Gruppen verfolgen heute rund um die Welt als oberstes Ziel die Wiedererrichtung des Kalifats. Fast alle von ihnen haben eine gemeinsame ideologische Wurzel, die Muslimbruderschaft. 1928 gegründet, hat sie in den zurückliegenden Jahrzehnten erfolgreich in mehr als siebzig Staaten Tarnorganisationen gegründet.

DIE MUSLIMBRUDERSCHAFT

„Allah ist unser Ziel. Der Prophet ist unser Führer. Der Koran ist unser Gesetz. Der Dschihad ist unser Weg. Auf Allahs Weg zu sterben ist unsere höchste Hoffnung." So lautet der Slogan der Muslimbruderschaft. Kaum ein Europäer kennt die Muslimbruderschaft. Dabei ist sie die ideologische Keimzelle fast aller gegenwärtigen Terrororganisationen.

Die Muslimbruderschaft ist ein Geheimbund. Es gibt kein (öffentlich zugängliches) Mitgliederverzeichnis. Schlimmer noch: Mit Ausnahme der Führung müssen sich alle Mitglieder der Muslimbruderschaft dazu verpflichten, die Mitgliedschaft im Gespräch mit Dritten offensiv zu bestreiten und gegebenenfalls auch juristische Schritte dagegen einzuleiten. Man kann diese Organisation auch nicht einfach infiltrieren, um nähere Informationen zu bekommen. Denn eine „echte" Mitgliedschaft gibt es erst nach mehreren Jahren. Die erste Stufe des wechselseitigen Kennenlernens ist die „generelle" Mitgliedschaft. Ähnlich wie bei allen anderen Geheimbünden werden Aspiranten über Jahre hin auf ihre Charakterfestigkeit und auf ihren Einsatz für die Ziele der Muslimbruderschaft beobachtet. Im nächsten Schritt erlangt man die Stufe der Mitgliedschaft als „Bruder", über deren Verleihung die jeweiligen Regionalleiter der Organisation entscheiden. In einem weiteren Schritt kann man dann „aktives" Mitglied werden. Erst von dieser Stufe an wird man auch über geheime Vorhaben der Muslimbruderschaft unterrichtet. Höchste Stufe der Mitgliedschaft ist die „Dschihad Mitgliedschaft". Sie wird nur von den oberen Führern der Organisation an jene verdienten Mitglieder verliehen, die auch unter widrigen Umständen äußerem Druck standgehalten und aktiv für die Organisation im Untergrund gearbeitet haben. Nur Mitglieder dieser Stufe dürfen im Namen der Organisation Kontakt zu den Terrororganisationen aus dem Umfeld der Muslimbruderschaft halten. Die Entscheidung darüber, wer in welche Stufe der Mitgliedschaft aufsteigt, wird nicht dem Zufall überlassen.

Vielmehr hat man in den letzten Jahrzehnten ein Auswahlsystem perfektioniert, das vor allem auf Studienzirkeln basiert. So wie die Scientology-Sekte ihre Mitglieder durch möglichst viele Seminare schleust, schult auch die Muslimbruderschaft ihre Mitglieder in „Fortbildungsveranstaltungen". Die dabei vermittelten Kenntnisse reichen von der Missionstätigkeit bis hin zu Seminaren für Organisationstheorie, die dafür verliehenen Titel von „Nazir" und „Mujahid" bis hin zu „Naqib".

Wie aber kann man über eine Organisation berichten, deren Mitglieder es eigentlich gar nicht gibt, wenn jeder Gesprächspartner abstreitet, der Organisation anzugehören? Immerhin haben die radikalen Ideen der Muslimbruderschaft ganze Generationen von Islamisten geprägt. Was will die Muslimbruderschaft? Wer gründete sie und welchen Einfluss nimmt sie heute auf die Muslime der Welt?

Im Geschichtsunterricht haben wir Ursachen und Entstehung des Nationalsozialismus kennengelernt. Die Weltwirtschaftskrise der Zwanzigerjahre des vergangenen Jahrhunderts, soziale Spannungen, Massenarbeitslosigkeit und das Aufkommen von Führern, die den Massen die Errettung versprachen. Während der Aufstieg des Nationalsozialismus heute zum Schulunterricht gehört, ist die Entstehung der totalitären Ideologie der Islamisten im Umfeld der Muslimbruderschaft für europäische Schüler ein weißer Fleck. Nicht ein europäisches Schulbuch behandelt diese Entwicklung. Dabei entstand die totalitäre Ideologie der Muslimbruderschaft zur gleichen Zeit, als in Europa der Nationalsozialismus seinen Werdegang nahm. Es waren die gleichen historischen Umstände, die gleichen geschichtlichen Abläufe, die sie förderten. Wer diese Geschichte studiert, wird nicht nur Parallelen erkennen; vielmehr bildeten der Nationalsozialismus und die totalitäre Ideologie der Muslimbruderschaft gar ein Bündnis – ein Bündnis, das bis in die Gegenwart fortbesteht.

Keine andere Organisation hat das politische und religiöse Leben im Nahen Osten in den vergangenen acht Jahrzehnten stärker beeinflusst als die Muslimbruderschaft. Keine andere hat mit ihren Tarnorganisationen mehr Menschen ermordet, keine andere mehr Religionsgutachten (Fatwen) erlassen, keine andere übt mehr Anziehungskraft auf Muslime aus, keine andere wirkt stärker nach Europa hinein. Und dennoch wird keine andere islamische Organisation in Europa weniger beachtet als die Muslimbruderschaft. Wer aber verbirgt sich hinter dieser mächtigen Organisation? Welche Ziele verfolgt sie? Wer zieht die Fäden im Hintergrund?

Versetzen wir uns zunächst einmal in ein längst zurückliegendes Zeitalter, in das Ägypten der Zwanzigerjahre des letzten Jahrhunderts. Von 1892 bis 1922 war das Land unter britischer Vorherrschaft. Während des Ersten Weltkrieges hatte sich Ägypten den Alliierten angeschlossen. Großbritannien übte nicht nur in den Straßen Kairos einen beherrschenden und nicht zu übersehenden Einfluss aus. Zwar fanden europäische Ideologien wie Liberalismus und Nationalismus Eingang in Ägypten, doch waren davon nicht alle Bevölkerungsschichten begeistert. Die Anwesenheit britischer Truppen im Lande führte zu schweren sozialen Unruhen: Infolge der Kaufkraft der britischen Truppen stiegen die Lebensmittelpreise stark an, während die Baumwollpreise auf Druck der Briten hin stark gesenkt wurden. Demonstrationen in Kairo, Alexandria und am Suez-Kanal waren die Folge. Die Weltwirtschaftskrise verschärfte die Lage noch. Während auf der einen Seite unter dem Einfluss europäischer Kultur ägyptische Frauen der Oberschicht in den großen Städten ihren Schleier ablegten, forderten auf dem Land immer mehr Ägypter eine Rückbesinnung auf traditionelle Werte.

HASSAN AL-BANNA

Diese Rückbesinnung war keine völlig neue Entwicklung. Seit Jahrzehnten schon wuchs für einen gläubigen Muslim die Diskrepanz zwischen der Realität und dem, was Muslimen im Koran verheißen wird (Sure 3, Vers 110). Seit langem schon beherrschten nicht mehr Muslime die Welt, nein, Muslime wurden beherrscht. Und zwar von „Ungläubigen". Ein gläubiger Muslim kann am Koran, dem reinen, unabänderlichen Willen Allahs, nicht zweifeln. Er kann den Koran und das, was darin verheißen wird, auch nicht verändern. Er kann nur die Realität verändern. Immer mehr Muslime fragten sich in jener Zeit, wie man die Realität verändern könne, um dem reinen, unabänderlichen Willen Allahs wieder Geltung zu verschaffen. Immer mehr Muslime dachten zurück an die glorreiche Zeit des Islam, an die Ursprünge, an die Blütezeit des Islam in den Jahrhunderten nach dem Tode des Religionsstifters Mohammed. „Zurück zu den Wurzeln des Islam", „Zurück in das glorreiche Zeitalter“ und „Der Islam ist die Lösung“ lauteten die Gedanken, über die damals in vielen Moscheen gesprochen wurde. Es bedurfte nur noch einer einigenden Hand, um die allgemeine Unzufriedenheit und die Sehnsucht nach der vergangenen Größe, die Rückbesinnung auf die glorreiche Zeit, zu kanalisieren und in einer Bewegung zusammenzuführen.

In dieser wirtschaftlich, sozial, kulturell und politisch-religiös aufgewühlten Situation gründete Hassan al-Banna 1928 in Ägypten eine Bewegung, die mit der Rückkehr zum Ur-Islam (angelehnt an die Frühzeit des Islam nach dem Tode Mohammeds) als dem einzigen wahren Islam alle Probleme Ägyptens wie auch der Ummah, der Gemeinschaft aller Gläubigen, lösen zu können glaubte.

Hassan al-Banna wurde im Oktober 1906 im Dorf Mahmudija in der Provinz Buhayra geboren. Sein Vater, Scheich Ahmed Abd al-Rahman al-Banna al-Saati, war der örtliche Imam und Religionslehrer. Im September 1927 nahm der 21 Jahre alte Hassan al-Banna eine Stelle an einer staatlichen Schule als Lehrer in Ismailia am Suez-Kanal an. Nach wenigen Wochen schon keimte in ihm ein Hass gegen die am Suez-Kanal stationierten britischen Truppen auf: Während die ägyptische Bevölkerung in armseligen Hütten hauste, verfügten die europäischen Arbeiter am Suez-Kanal ebenso wie die britischen Soldaten über gute Häuser, sauberes Trinkwasser und ausreichend Lebensmittel. Gemeinsam mit sechs ägyptischen Angestellten der britischen Suez-Kanal-Gesellschaft gründete Hassan al-Banna im März 1928 die „Gemeinschaft der Muslimbrüder". Ihre ersten Ziele waren vage: die Bekämpfung der Ungerechtigkeit, die Wiederherstellung der Würde der Muslime. Nur die Rückkehr zum orthodoxen Islam könne den Demütigungen der Muslime durch die Europäer ein Ende bereiten und die gerechte muslimische Ordnung wiederherstellen. 1929 zog Hassan al-Banna nach Kairo und formierte dort die erste städtische und Massen organisierende Bewegung des Islam.

Hassan al-Banna hatte mit seiner Bewegung Erfolg, weil er den Menschen nicht nur religiös-ideologische Antworten auf die sie beschäftigenden Fragen, sondern ihnen auch praktische Lebenshilfe offerierte: Er gründete eine Abteilung für Arbeitslose, ließ Kranke über medizinisches Hilfspersonal versorgen, gewährte Bedürftigen Kredite und unterrichtete Kinder im Koran. Unterdessen arbeitete seine streng nach dem Führerprinzip errichtete Bewegung planmäßig am Aufbau einer „islamischen Internationale".

Hassan al-Banna und die Muslimbruderschaft verstanden sich als radikale Gegenbewegung westlicher Einflüsse, die nach ihrer Auffassung alle Muslime ins Verderben führen würden. Mit Abscheu und Entsetzen erinnerte sich al-Banna an die Vorsitzende der ägyptischen Frauenrechtsbewegung, Huda Sharawi, die 1923 ihren Schleier demonstrativ ins Meer geworfen hatte. Ebenso angewidert war er von Mustafa Kemal, genannt Atatürk („Vater der Türken"), der nach dem Untergang des Osmanischen Reiches nicht nur die im Koran legitimierte Vielehe in der Türkei abschaffte, sondern den in seinem Land lebenden Muslimen auch eine strikte Trennung zwischen Religion und Staat verordnete, den Säkularismus. 1924 schaffte Mustafa Kemal das letzte Kalifat ab – aus der Sicht von al-Banna ein unverzeihliches Verbrechen.

Von Anfang an kämpfte die Muslimbruderschaft gegen jedweden westlichen Einfluss. Sie suchte im Innern die Rückkehr zu jenen Zuständen, wie sie in der Urzeit des Islam geherrscht hatten: Männern waren Führungsaufgaben und der Krieg vorbehalten, die Rolle der Frauen war auf das Wirken am Herd und das Gebären von Kindern beschränkt. Die Kämpfer al-Bannas nannten sich gern die „Soldaten Allahs“. Nicht von ungefähr ist das Symbol der Muslimbrüder das heute von fast allen radikalen Islamisten übernommene Dschihad-Motiv: Zwei Schwerter beschützen einen Koranvers.

Viele Leser mag es erstaunen, dass die in den Zwanziger- und Dreißigerjahren des letzten Jahrhunderts verfassten Schriften al-Bannas auch Mohammed Atta, einen der Todespiloten vom 11. September 2001, inspiriert haben. „Ihr liebt das Leben, wir lieben den

Tod", hatte Mohammed Atta in einem Brief geschrieben. Diese Formulierung, den Tod mehr zu lieben als das Leben, entstammt der Feder von al-Banna. Solange Muslime ihre Liebe zum Leben nicht durch die im Koran gefundene Liebe zum Tod ersetzten, sei die Zukunft der Muslime ohne Hoffnung, hatte al-Banna verkündet. Matthias Küntzel schreibt in seinem lesenswerten Buch „Dschihad und Judenhass" dazu: Nach Auffassung der Muslimbruderschaft könne nur siegen, wer es in „der Kunst des Todes" zur Meisterschaft bringe.

DER PAKT MIT DEN NAZIS

Wir alle haben in der Schule Ursachen, Entstehung und Verlauf des Nationalsozialismus im Unterricht durchgenommen. Die parallele Entwicklung in der arabischen Welt, deren Auswirkungen wir heute auch in Europa immer stärker spüren, ist uns dagegen unbekannt. In einer Zeit als in Europa polternd Braunhemden in den Straßen aufmarschierten, da zogen in Kairo die Grünhemden der Muslimbruderschaft durch die Straßen. Sie sehnten sich nach dem Märtyrertod und gelobten, das Böse bekämpfen zu wollen. Das Böse aber war nicht nur der Einfluss des Westens. Noch schlimmer erschienen den Muslimbrüdern die Juden. Muslimbruderschaft und Nationalsozialisten teilten mit dem absoluten Judenhass eine auf Vernichtung angelegte totalitäre Ideologie.

Im Gründungsmanifest der Muslimbruderschaft von 1928 hieß es: „Den Ideologien des Westens muss widerstanden werden

- sie sind die Vorreiter der Korruption, der seidene Vorhang, hinter dem sich die Gier der Habgierigen und die Machtträume der Machthungrigen verbergen.“ Immer stärker trat in den folgenden Jahren neben der Pflicht zum „Dschihad gegen Nichtmuslime“ auch die Pflicht zum Dschihad gegen die Helfer der Nichtmuslime. Und mit beiden Hassgegnern waren vor allem Juden im Visier.

Der aggressive Antisemitismus wurde in der europäischen Welt durch die Nazis verbreitet, in der arabischen Welt durch die Muslimbruderschaft. Al-Banna, ein Verehrer Hitlers, bot den Nazis nicht nur an, für diese ein Agentennetz im Nahen Osten aufzubauen. Er versprach Hitler vielmehr, wenn Rommel auf seinem Afrika-Feldzug endlich vor den Toren Kairos stehe, dann werde die Muslimbruderschaft längst alle Briten ermordet haben.

Al-Banna arbeitete mit den ägyptischen Agenten des Deutschen Reichs zusammen und konferierte Anfang 1941 mit der ägyptischen Führung über den Plan, mit Hilfe eines antibritischen Aufstands in seinem Heimatland die deutschen Angriffe auf England zu unterstützen. Zudem bot der paramilitärische Flügel der Muslimbrüder den Nazis Unterstützung an. Seit den Dreißigerjahren erhielt die Muslimbruderschaft auch finanzielle Hilfe aus den Kassen der Nazis. Ebenso wie auch der Mufti von Jerusalem, Mohammed Amin el-Husseini, ein Verwandter des späteren palästinensischen Präsidenten Arafat, setzte sich auch die Muslimbruderschaft aktiv für die Judenvernichtung ein. Am Rande sei hier vermerkt, dass der spätere Palästinenserpräsident Jassir Arafat im Alter von 17 Jahren Mitglied der Muslimbruderschaft wurde. Die totale Vernichtung Israels, die sich als Ziel durch sein Leben zog, hatte ihm sein Verwandter Mohammed Amin el-Husseini in frühester Jugend ans Herz gelegt.

Das politische Programm der Muslimbruderschaft war und ist zu gleichen Teilen am Koran und am Faschismus angelehnt. Die Forderung nach Abschaffung aller Parteien zugunsten der Religionsdiktatur des Kalifats, die Abschaffung von Zins und Profit, der Führerkult und die fanatische Befürwortung der Judenvernichtung sind nur einige von vielen Belegen dafür. „Nieder mit den Juden!“ und „Juden raus aus Ägypten und Palästina!“ lauteten die Parolen, mit denen die Muslimbruderschaft öffentlich jene Juden empfingen, die damals vor den Nazis aus Europa in den Nahen Osten flohen. Der vom Jerusalemer Mufti initiierte totale Einwanderungsstopp und das Verbot des Landverkaufs an Juden in Palästina 1936 wurde von der Muslimbruderschaft rückhaltlos unterstützt. Es war die Muslimbruderschaft, die von 1936 auf Flugblättern auch in Ägypten erstmals zum Boykott jüdischer Produkte aufrief. Die Geldtransfers aus Nazi-Deutschland an die Muslimbruderschaft wurden vom Jerusalemer Mufti koordiniert.

Sure 3, Vers 110 machte die Gemeinschaft der Muslime aus der Sicht der Muslimbruderschaft zum islamischen Gegenstück einer „arischen Herrenrasse“. Dieser faschistoide und totalitäre Führungsanspruch führte zwangsläufig zur engen Zusammenarbeit zwischen Muslimbruderschaft und Nationalsozialisten.

Nicht nur Heinrich Himmler schwärmte von der „weltanschaulichen Verbundenheit" zwischen Nationalsozialismus und Islam; er führte den Begriff der „Muselgermanen" ein. Auch Amin el-Husseini wies auf die Parallelen der Ideale der Muslime und der Deutschen hin: Monotheismus und Einheit der Führung; die ordnende Macht, Gehorsam und Disziplin; der Kampf und die Ehre, im Kampf zu fallen; die Gemeinschaft; Familie und Nachwuchs; Verherrlichung der Arbeit; das Verhältnis zu den Juden.

Mit dem Ende des Zweiten Weltkrieges fand der Nationalsozialismus sein Ende. Die totalitäre Ideologie der Muslimbruderschaft jedoch erlebte neuen Auftrieb. Mit dem UN-Teilungsbeschluss und der Gründung des Staates Israel im Jahre 1947 sprach Hassan al-Banna von einem teuflischen Plan der „jüdischen Weltverschwörung". Amin el-Husseini, der zwischendurch als Nazi-Kriegsverbrecher gesuchte langjährige Mufti von Jerusalem, forderte die Araber dazu auf, über die Juden herzufallen und sie zu vernichten. Weder der Führer der Muslimbruderschaft noch der Nazi-Kriegsverbrecher Amir el-Husseini wurden für diese Äußerungen jemals vor Gericht gestellt.

Statt Amir el-Husseini zu ächten, wurde er nach dem Zweiten Weltkrieg zum Führer der Muslimbruderschaft in Palästina und zum Stellvertreter al-Bannas gekürt. Statt einer Quelle der Scham wurde die unrühmliche Vergangenheit der Muslimbruderschaft bis in die Gegenwart eine Quelle des Stolzes für viele Muslime. In fast jeder europäischen Moschee finden sich heute Dutzende, wenn nicht gar Hunderte Pamphlete der Muslimbruderschaft, die ihren Ursprung in jenen Jahren haben. Die Pogromstimmung gegen Juden in der arabischen Welt ist nicht erst mit der Gründung des Staates Israel entstanden. Sie ist vielmehr die unmittelbare Folge der beständigen Agitation der Muslimbruderschaft seit den Dreißigerjahren. Statt sich in Anbetracht der unvorstellbaren Nazi-Gräueltaten gegenüber Juden zu besinnen und die antisemitische Propaganda einzustellen, schürte die Muslimbruderschaft den Judenhass weiterhin. Matthias Küntzel schreibt über den erstarkenden Antisemitismus der Muslimbruderschaft in seinem Buch „Djihad und Judenhass": „Mit dieser Theorie der Weltverschwörung, die die Juden unmittelbar nach der Stilllegung der Gaskammern zur weltbeherrschenden Macht stempeln sollte, erreichte die ideologische Annäherung der Muslimbrüder an den Nationalsozialismus ihren Höhepunkt. Mithin fand die in Deutschland seit dem 8. Mai 1945 unterdrückte Wahnidee in der arabischen Welt, in der die Muslimbrüder inzwischen über eine millionenstarke Anhängerschaft verfügten, ihr seither wirkungsmächtigstes Exil."

Klaus Gensicke hat schon 1988 in seiner Dissertation „Der Mufti von Jerusalem Amin al-Husseini und die Nationalsozialisten" auf das Zusammenspiel von totalitären Islamisten und Nationalsozialisten hingewiesen. Bis heute verklärt die europäische Linke den „Guerillakrieg und palästinensischen Widerstand" und die „Revolte gegen die Zionisten". Jene, die angeblich den Nationalsozialismus hassen, übersehen, dass sie deren Gesinnungsgenossen bereitwillig unterstützen. Merkwürdig ist es auch, mit welcher Selbstsicherheit deutsche Politiker behaupten, dass Deutschland nicht Ziel islamistischer Terroristen sein könne. Immerhin sei Deutschland doch bei den Arabern noch immer äußerst beliebt. Würden diese Politiker ihre Sätze vollständig aussprechen, müsste die wahrheitsgemäße Begründung folgen, wonach nicht „die" Deutschen, sondern Adolf Hitler in der islamischen Welt weiterhin hohes Ansinnen genießt. Überall in der arabischen Welt findet sich Hitlers „Mein Kampf". Die Muslimbruderschaft hat „Mein Kampf" in viele Sprachen der Muslime übersetzen lassen. Wollen wir uns ernsthaft mit dieser Bewunderung eines Massenmörders von der Terrorgefahr vor unserer eigenen Haustüre reinwaschen?

Vor dem geschilderten Hintergrund hat der französische Schriftsteller und Marxist Maxime Rodinson (1915 bis 2004) schon 1979 den Begriff des „Islamofaschismus" geprägt. Das Wort „Islamofaschismus" wendet sich nicht gegen den Islam, sondern gegen die Pervertierung des Islam in den Händen totalitärer Ideologen.

Hassan al-Banna hatte klar und deutlich hervorgehoben, dass der Islam Religion und Staat sein müsse. Die politische Macht war für ihn fester Bestandteil der Religion. So wie die Nazis ihre hasserfüllte Ideologie auch als Religionsersatz betrachteten, so glaubte al-Banna, die Muslime in aller Welt für seine Ideologie gewinnen zu können. Nach seiner Auffassung ist die Zeit nicht fern, in der überall dort, wo Muslime leben, islamische Staaten entstehen werden, deren Gesetzgebung von der Scharia abgeleitet wird und deren Aufgaben die Beachtung der islamischen Pflichten ist. Vor diesem Hintergrund steht für die Muslimbruderschaft weltweit die Mission – und nicht der Kampf mit dem Schwert – im Mittelpunkt ihres Wirkens. In der Ideologie der Muslimbruderschaft wird die Welt in das Gebiet des Glaubens und das Gebiet des Unglaubens aufgeteilt. Letztere Gebiete, also auch der Westen, müssen dem Islam unterworfen werden.

Charakteristisch ist die zwiespältige Haltung der Muslimbruderschaft zur Gewalt. Einerseits verfolgen sie den Marsch durch die Institutionen, andererseits schließen sie die Anwendung von Gewalt etwa in Form von Anschlägen nicht aus. Zwischen 1945 und 1948 ermordeten sie viele Menschen, Juden und Nichtjuden. 1948 plante die Muslimbruderschaft einen gewaltsamen Umsturz in Ägypten, was zu ihrem Verbot führte. Am 12. Februar 1949 erschoss die ägyptische Polizei Hassan al-Banna.

SAYYID QUTB

Nach dem Tode al-Bannas verbündete sich Gamal Abd el-Nasser mit der Muslimbruderschaft. Sein Ziel war es, im Jahre 1952 den ägyptischen König Faruk zu stürzen. Unterdessen stieg in den Reihen der Muslimbruderschaft ein neuer, noch radikalerer Hassprediger auf: Sayyid Qutb. Ebenso wie Hassan al-Banna wurde Qutb im Jahre 1906 in einem ägyptischen Dorf geboren. Nach seiner Ausbildung zum Lehrer und einer Anstellung im ägyptischen Bildungsministerium schickte man ihn 1948 in die Vereinigten Staaten, um dort das amerikanische Bildungssystem zu studieren. Doch statt Sympathien für den „American Way of Life" zu entwickeln, wuchs in Qutb der Hass: Rassismus, Kapitalismus, Promiskuität und Freizügigkeit widerten ihn an. Als er in den Vereinigten Staaten erleben musste, dass Amerikaner sich über die Tötung al-Bannas freuten, kehrte er nach Ägypten zurück, beendete seine Arbeit für das Bildungsministerium und schloss sich der Muslimbruderschaft an.

Kein anderer hat in den Schriften der Muslimbruderschaft radikalere Spuren hinterlassen als Sayyid Qutb. Seine Pamphlete werden heute zwischen Marokko und Indonesien gelesen. Sie wurden in fast alle Sprachen der Welt übersetzt. Für Qutb gibt es nur einen absolut bösen Feind: die Juden. 1950 verfasste er den Essay „Unser Kampf mit den Juden“, 1964 sein wohl berühmtestes Werk „Wegzeichen“. In allen seinen Schriften kreist sein Denken entweder um die Vernichtung der Juden oder aber die Errichtung der Gottesherrschaft. Mit Hilfe des Dschihad will Qutb überall die Scharia einführen. Aus der Sicht Qutbs befindet sich die Welt am Abgrund und kann nur durch den revolutionären Dschihad gerettet werden. Demokratie, Liberalismus und Kapitalismus sind für ihn zum Untergang verurteilt. Das Einzige, was die Welt noch retten kann, ist der Islam.

Qutb, 1951 der Muslimbruderschaft beigetreten und schnell in ihren Führungszirkel aufgestiegen, ist einer der Hauptverantwortlichen für den Antisemitismus im Islam. Aus frommen Muslimen machte er selbstbewusste Soldaten, die den Krieg gegen ihre Feinde zur Lebensaufgabe erhoben. Osama bin Laden, Mohammed Atta und viele andere Terroristen wurden vor allem auch durch die Schriften des Sayyid Qutb inspiriert.

Für Qutb, der 1966 in Ägypten hingerichtet wurde, war der verheißungsvolle Märtyrertod der einzige Weg, um die Welt hin zu einem gerechten Gottesreich zu führen. Nach seiner Auffassung hatte die westliche Kultur mit Pornografie, Ungerechtigkeit und Götzendiensten auch die muslimische Welt in ihrer Entwicklung zurückgeworfen. Dieser Zustand könne nur durch die Rückwendung in die Frühzeit des Islam beendet werden. Qutb entwarf das Bild einer Gesellschaft in einem Zustand der angeblichen „Unwissenheit", die sich von den reinen und ursprünglichen Lehren des Islam weit entfernt habe. Der Widerstand der Muslime müsse sich danach sowohl gegen die westlichen Kolonialisten/Imperialisten als auch gegen die „heuchlerischen“ Regime der islamischen Welt richten. Ziel des Kampfes sei die Errichtung einer göttlich legitimierten Herrschaft. Die Muslime, die sich nicht dieser Weltsicht anschließen wollen - einschließlich der Herrscher in der islamischen Welt werden zu „Ungläubigen“ erklärt, die bekämpft werden müssen. Qutbs Werke sind Argumentationshilfen für den militärischen Kampf gegen als ungerecht empfundene Systeme. Seine Schriften stellen einen entscheidenden Schritt auf dem Weg hin zum gewalttätigen Islamismus dar.

In seinem Buch „Meilensteine“ schreibt Sayyid Qutb auf Seite 59 (Kapitel 4, Ausgabe von 1964): „In der Tat hat der Islam das Recht, die Initiative zu ergreifen. Der Islam ist nicht das Erbe einer einzelnen Rasse oder eines einzelnen Landes. Er ist Allahs Religion und er ist für die ganze Welt bestimmt. Der Islam hat das Recht, alle Hindernisse zu zerstören, die in Form von Institutionen und Traditionen die menschliche Freiheit beeinträchtigen.“ Und die westliche Demokratie gehört nach seiner Auffassung zu jenen Institutionen, die die menschliche Freiheit beeinträchtigen.

Denn sie gestattet es Menschen, auch als „Ungläubige“ zu leben. Diesen Zustand gilt es mit aller Macht zu bekämpfen.

Sayyid Qutb gilt heute als der führende Terrorideologe der islamischen Welt, seine Bücher sind Klassiker. „Es gibt keinen anderen Gott außer Allah“ schreibt Qutb in „Wegzeichen“. Wenn der Satz so verstanden wird, wie Qutb ihn verstanden haben möchte, dann sollten Politiker westlicher Staaten unabhängig von ihrer Parteizugehörigkeit aufhorchen: Nach Auffassung von Qutb bedeutet das Zitat, dass ein gläubiger Muslim keine andere Autorität außer der Allahs anerkennen dürfe. Er darf sich keiner Regierung unterordnen, keinem anderen Gesetz (außer der Scharia), keinem Befehlshaber, keiner Ideologie und keiner Verfassung. Qutb verlangt dieses Verständnis von allen Muslimen. Er hebt hervor, ein Muslim, der etwa gebürtiger Brite sei, sei nicht in erster Linie britischer Staatsbürger, sondern Muslim. Wenn Großbritannien ein islamisches Land angreife, dann sei dieser Muslim, auch wenn er gebürtiger Brite sei, nicht der britischen Gesellschaft verpflichtet, sondern seinen Glaubensbrüdern. Er könne dann gegen die eigene Gesellschaft Krieg führen, mit allen Mitteln, einen heiligen Krieg, den Dschihad. Das natürlich für alle Länder des Westens, für Deutschland ebenso wie etwa für Frankreich.

ABDULLAH AZZAM

Die ideologischen Schüler von Sayyid Qutb haben seine Schriften begierig aufgesogen. Aus ihren Reihen entstanden die radikalsten Islamisten, Männer vom Schlage eines Abdullah Azzam. Der Palästinenser Azzam, 1941 in Dschenin geboren, trat Mitte der Fünfzigerjahre der Muslimbruderschaft bei. Er studierte in den Sechzigerjahren in Damaskus, wo er Sprecher der Muslimbruderschaft wurde. Über Studienaufenthalte in Ägypten und Jordanien kam er nach Saudi-Arabien, wo er in der Hafenstadt Dschidda an der König-Abd-al-Aziz-Universiät lehrte und auf den Bruder von Sayyid Qutb, Muhammad Qutb, traf. Azzam zählte zu den Ersten, die 1979 nach dem Einmarsch der Sowjetunion dazu aufriefen, den bewaffneten Kampf gegen die ungläubigen Besatzer aufzunehmen. Zusammen mit seinem Schützling Osama bin Laden eröffnete er 1984 im pakistanischen Peschawar ein Büro für die Anwerbung von Mudschahedin. Mehr noch als mit dem bewaffneten Kampf beschäftigte sich Azzam mit der dahinterstehenden Ideologie des Dschihad. Seine 1984 erschienene Schrift „Die Verteidigung von muslimischen Ländern als höchste persönliche Pflicht" und sein 1987 erschienenes Buch „Folgt der Karawane" gehören heute zur Pflichtlektüre der Dschihadisten. Seine Idee hatte Erfolg: Mit saudischem und amerikanischem Geld baute Azzam, der 1989 bei einem Anschlag ums Leben kam, eine Mudschahedin-Bewegung auf, aus der später unter Führung Osama bin Ladens die Terrorgruppe al-Qaida hervorgehen sollte. Azzam ist ein (extremes) Beispiel dafür, wie groß die Bandbreite der innerhalb der Muslimbruderschaft vertretenen Ideen und Ausrichtungen sein kann.

Die Ideologie der vielfältigen Ausprägungen der Muslimbruderschaft ist heute über die Werke von Autoren wie Hassan al-Banna, Sayyid Qutb und Scheich Azzam weltweit in den Moscheen vertreten. Die Ausprägungen mögen sich in der Radikalität erheblich voneinander unterscheiden. Ein gemeinsames Ziel jedoch eint sie: die Rückkehr und Errichtung des Kalifats.

Dabei macht die Muslimbruderschaft keinen Unterschied zwischen Sunniten und Schiiten. Der Hass auf den Westen vereint sunnitische und schiitische Anhänger der Muslimbruderschaft. Nur so ist die Kooperation der (schiitischen) proiranischen Terrorgruppe Hisbollah mit der (sunnitischen) Terrorgruppe Hamas zu verstehen. Man kann nicht oft genug hervorheben, dass selbst der schiitische iranische Revolutionsführer Ajatollah Chomeini, der 1978/79 den Schah stürzte, Mitglied in einer der Muslimbruderschaft nahe stehende Organisation war. Diese nannte sich Fedayeen-e Islam und war in den Vierzigerjahren des letzten Jahrhunderts gegründet worden. Hassan al-Banna hatte in den Vierzigerjahren dazu aufgerufen, die Gegensätze zwischen Schiiten und Sunniten abzubauen und gemeinsam für ein islamisches Weltreich zu kämpfen. 1952 lud er den Führer der iranischen Fedayeen-e Islam, Nawab Safawi, nach Kairo ein. Safawi wurde als „großer islamischer Führer" von der Muslimbruderschaft willkommen geheißen und auf den Schultern der Mitglieder der Muslimbruderschaft unter Applaus durch die Straßen getragen. Die geheimen Kontakte zwischen jenen, die im Iran die Revolution vorbereiteten und der Muslimbruderschaft, waren fortan eng. In den folgenden Jahren wurde kein anderer Autor der theoretischen Grundlagen des Dschihad aus der arabischen Welt im Iran häufiger gelesen als Sayyid Qutb. In der iranischen Revolution von 1978/79 erblickte die Muslimbruderschaft ein Fanal, das es nachzuahmen galt.

Ebenso wie die pakistanische Jamaat-e-Islami bekundeten auch die iranischen Fedayee-e-Islami, sie seien der Muslimbruderschaft „brüderlich" verbunden und „Ableger einer gemeinsamen Bewegung". Alle diese einzelnen „Ableger" der Muslimbruderschaft gründeten in Europa auf den ersten Blick voneinander völlig unabhängige Organisationen und Verbände. Tricksen, Täuschen und Tarnen sind Hauptkennzeichen der Verschleierungstaktik der Muslimbruderschaft.

DIE EROBERUNG EUROPAS

Spätestens in den Fünfzigerjahren war es für die führenden Anhänger der Muslimbruderschaft in ihren Heimatländern ungemütlich geworden. Weil sie die Herrschenden in Bedrängnis brachten, wurden sie verfolgt und unterdrückt. Viele radikale Muslimbrüder gingen in jenen Jahren nach Saudi-Arabien, wo die Ölmilliarden geradezu sprudeln begannen. Sie arbeiteten dort als Ingenieure, Lehrer und auch auf religiösem Gebiet. Die Lehre der Muslimbruderschaft verschmolz dort mit dem puritanischen Wahabismus, der in den Muslimbrüdern erfolgreiche Missionare seiner religiösen Grundüberzeugungen erblickte. Mit saudischem Geld gründeten Muslimbrüder Anfang der Sechzigerjahre die Islamische Weltliga und mit saudischem Geld gründeten sie 1973 die World Assembly of Muslim Youth (WAMY).

In den Fünfziger- und Sechzigerjahren verließen auch Tausende syrische und ägyptische

Studenten ihre Heimat, um in beiden Teilen Deutschlands zu studieren. Sie kamen nicht nur, weil sie vom technischen Ruf deutscher Universitäten angezogen wurden; sie hofften auch, den repressiven Regimen in ihren Heimatländern eine Weile entfliehen zu können, die Jagd auf die Mitglieder und Sympathisanten aus den Reihen der Muslimbruderschaft machten. Als Ägypten und Syrien diplomatische Beziehungen zur DDR aufnahmen, brach die Bundesrepublik die Beziehungen zu diesen Staaten ab. Bonn schätzte sich fortan glücklich, politische Flüchtlinge aus Ägypten und Syrien aufnehmen zu dürfen. Die meisten dieser politischen Flüchtlinge waren Anhänger der Muslimbruderschaft. Rückblickend förderten westeuropäische Demokratien – allen voran die Bundesrepublik – die Immigration von Islamisten. Nur ahnte niemand, wen man damals ins Land ließ. Man glaubte, Gegner des Kommunismus zu fördern und ihnen eine neue Heimat bieten zu können. Dass die Immigranten nicht nur den Kommunismus, sondern auch den westlichen Kapitalismus bekämpfen würden, war wohl keinem der damals verantwortlichen Politiker bewusst.

Die ersten radikalen Pioniere der Muslimbruderschaft kamen 1954 nach Europa. Einer von ihnen war der 1926 in einem Dorf im Nildelta geborene Said Ramadan, der frühere Sekretär des Gründers der Muslimbruderschaft, Hassan al-Banna. Ramadan, ein erklärter Judenhasser, führte 1948 die Kämpfer der Muslimbruderschaft in Palästina an. 1958 zog er nach Genf und führte zugleich in Köln sein schon in Ägypten begonnenes Studium der Rechtswissenschaften fort. 1961 gründete er das Islamische Zentrum Genf, das heute von seinem Sohn Hani Ramadan geleitet wird. In Deutschland gründete Said Ramadan 1960 eine erste Keimzelle der Muslimbruderschaft auf deutschem Boden, die in München ansässige „Moscheebau-Kommission e.V.".

Im Gründungsprotokoll der „Moscheebau-Kommission e.V." heißt es: „Die unten namentlich aufgeführten Herren versammelten sich am 6.3.1969 22 Uhr in der Gaststätte `Wienerwald`, München, Odeonsplatz. Sie beschlossen einen Verein, genannt `Moscheebau-Kommission' zu gründen. (…) Gemäß der beschlossenen Vereinssatzung wurden folgende Herren einstimmig gewählt: 1. Vorsitzender Dr. Said Ramadan." Als Wohnadresse des Said Ramadan verzeichnete das Protokoll aus dem Jahre 1960 „25 Rue des Paquis, Genf".

Die „Moscheebau-Kommission e.V." wurde bald in „Islamische Gemeinschaft in Süddeutschland e.V." und 1982 in „Islamische Gemeinschaft in Deutschland e.V." (IGD) umbenannt. Über viele Jahre leitete Said Ramadan aus seinem Genfer Exil heraus die in München gegründete Organisation. Die IGD führt Said Ramadan auf ihrer Website für die Jahre 1958 bis 1968 als ihren „Präsidenten".

Said Ramadan, ein enger Weggefährte des radikalen Muslimbruders Sayyid Qutb, hat nie einen Hehl daraus gemacht, dass der Marsch durch die Institutionen am Ende erfolgreich sein werde. Ihm und seinen Söhnen geht es offenkundig nicht um die Integration von Muslimen, sondern der Europäer – unter den Islam. Sie haben eine radikale Botschaft und sind sanft im Ton. Das ist Bestandteil ihrer Erfolgsstrategie.

DIE KLUG DURCHDACHTE STRATEGIE

Europa ist längst zum Brutkasten der Ideologie der Muslimbruderschaft geworden. In beinahe jeder Moschee finden sich die hasserfüllten Schriften dieser Organisation. Und fast alle bekannten Führer muslimischer Gruppen und Verbände stehen der Muslimbruderschaft nahe. Die Muslimbruderschaft hat ein Netzwerk von Moscheen, Hilfsorganisationen und Verbänden errichtet. Sie tarnt sich gut.

Weil es (noch) zu wenig Muslime in Europa gibt, lehnt sie in ihren öffentlichen Äußerungen bislang den gewaltsamen Dschihad in Europa ab. Sie sieht die europäischen Staaten aus dem Blickwinkel eines Waffenstillstandes, der so lange Bestand hat, wie Muslime in Europa Minderheiten sind. Erst wenn die fundamentalistischen Kräfte stark genug sind, soll den aus Sicht der Muslimbruderschaft ohnehin vom Verfall bedrohten westlichen Gesellschaften auch mit Hilfe des Dschihad der Todesstoß versetzt werden. Endziel ist es, alle Muslime in einem weltweiten Kalifat zu vereinen.

Die Grundlage dieser Vorgehensweise ist das religiös begründete Verständnis, wonach der Islam eine nicht auflösbare Einheit von Politik und Religion bildet. Die Auffassung, wonach Religion Privatsache ist und Staaten säkular sein können, duldet der Koran nicht. Eine solche Lebensweise ist mit dem Koran generell nicht vereinbar. Die Forderung nach „Religionsfreiheit" für die in Europa lebenden Muslime impliziert somit auch die Forderung, das gesamte Leben (auch das politische System) entlang den Richtlinien des Koran zu gestalten. Letztendlich bedingt „Religionsfreiheit" für gläubige Muslime somit die Wiedereinführung des Kalifats.

Um diese politisch-gesellschaftlichen Veränderungen in Europa zu erreichen, bedient sich die Muslimbruderschaft einer Strategie:

1. Die Einforderung „islamspezifischer Rechte". Dazu gehören der Kampf gegen

das „Kopftuchverbot", der Bau von Moscheen, islamischer Religionsunterricht, Freitagspredigten in Arabisch (der Sprache des Koran), Abmeldung muslimischer Kinder vom Sportunterricht und die Förderung von Parallelgesellschaften. Damit soll die Abschottung von den als sittenlos und ohnehin dem Untergang geweihten nichtmuslimischen Demokratieordnungen in Europa erreicht werden. Letztlich ist diese Vorgehensweise der Kampf gegen die freiheitlich-demokratische Grundordnung mit den Mitteln des Rechtsstaates. Die Entwicklung zeigt, dass die Muslimbruderschaft mit ihrem Vorgehen überall in Europa Erfolg hat.

2. Annahme der Staatsbürgerschaften europäischer Staaten. So soll die mögliche Ausweisung wegen islamistischer Umtriebe verhindert werden. Zudem dient die Annahme einer europäischen Staatsbürgerschaft dem mittelfristigen Ziel, in allen europäischen Staaten mit mehr als fünf Prozent muslimischem Bevölkerungsanteil islamische Parteien zu gründen, die

in den Parlamenten mit rechtsstaatlichen Mitteln die Islamisierung Europas vorantreiben sollen. In Deutschland hat vor allem die vom Verfassungsschutz beobachtete türkische Gruppe Milli Görüs ihre Mitglieder dazu aufgerufen, die deutsche Staatsbürgerschaft anzunehmen. In Belgien steht die Arabisch-Europäische Liga (AEL) für diese Entwicklung. Ihr Sprachrohr, Abu Jah Jah, organisiert in Antwerpen etwa Patrouillen von Immigranten, die mit Videokameras das angeblich rassistische Vorgehen belgischer Polizisten gegen Immigranten dokumentieren sollen. Viele Mitglieder der AEL sollen radikalen islamistischen Gruppen wie etwa der Hamas und der Hisbollah nahestehen.

3. Ein weiteres Ziel ist die Unterdrückung jeglicher islamkritischen Berichterstattung. Was dem langfristigen Ziel der Errichtung des Kalifats schadet, soll als rassistisch gebrandmarkt und mit allen Mitteln bekämpft werden. Dabei nutzt man bewusst den Holocaust und will um jeden Preis islamkritische Äußerungen

analog zu antisemitischen Äußerungen bestraft sehen. Wer den Islam kritisiert, wird nach diesem Muster der Islamophobie bezichtigt. Vor diesem Hintergrund haben es fast alle europäischen Medien aufgegeben, kritisch über den Islam zu berichten. Wer sich an diese „Schere im Kopf" nicht hält, muss mit Massenprotesten und Strafanzeigen rechnen.

4. Die demografische Unterwanderung Europas. Alle Führer der Muslimbruderschaft erklären im Gespräch offen, dass der Rückgang der ursprünglichen europäischen Bevölkerung dem langfristigen Ziel der Errichtung einer muslimisch geprägten europäischen Mehrheitsgesellschaft in Europa dienlich sei.

5. Errichtung von Parallelgesellschaften. Der Bau überdimensionierter Moscheen und Kulturzentren mit angeschlossenen Schulen geht einher mit der erwarteten demografischen Entwicklung. Er dient der Zementierung einer gegenüber der „verderbten" Welt der Europäer abgeschotte-

ten Gemeinschaft der Gläubigen, die die Vorreiterrolle bei der Islamisierung Europas einnehmen soll.

6. Netzwerkbildung zur Erweiterung der Abschottung. Rein muslimische Anwaltsvereinigungen, Geschäfte, Arztpraxen, Verbände und Vereinigungen sollen Muslime von allen „Versuchungen" des Westens fernhalten.

7. Verbreitung einer Ideologie der Überlegenheit des Islam gegenüber allen anderen Religionen. Durch die Verbreitung von Büchern und Videokassetten werden einzelne Führer der Muslimbruderschaft als Märtyrer stilisiert. So wird ein Gegensatz zu den angeblich unsittlichen und islamfeindlichen Führern der westlichen Demokratien geschaffen, deren angebliches Ziel es ist, den Islam zu unterdrücken.

8. Erpressung westlicher Politiker, Kirchenführer und Dialogpartner durch künstliche Schaffung von Gegensätzen. Dabei werden Phrasen wie „Muslime unter Ge-

neralverdacht“ oder „Kreuzzug gegen den Islam“ missbraucht, um Integrationsdruck zu nehmen.

9. Nutzung von „Taqiyya“ (Lüge), um Integrationswillen und Dialogbereitschaft vorzutäuschen. Die Gesprächspartner der Muslimbruderschaft in westlichen Staaten werden nicht als gleichberechtigt anerkannt. Die Dialogbereitschaft wird dazu missbraucht, um alle Freiheiten für die Missionierung im Sinne des Islam vom Gegenüber zu bekommen. Die Täuschung der Gesprächspartner basiert auf deren Unkenntnis über gemeinsam benutzte Begriffe. So stimmen alle Führer der Muslimbruderschaft darin überein, dass Terrorismus abzulehnen sei. Islamisten, die sich etwa in Israel in vollbesetzten Bussen in die Luft sprengen, sehen sie jedoch nicht als Terroristen, sondern als Märtyrer an. Ebenso ist das Bekenntnis zur Demokratie irreführend. Denn die einzig wahre Demokratie ist aus der Sicht der Muslimbruderschaft das Kalifat, in der alle Bevölkerungsgruppen gemäß den Vorgaben des Koran demokratisch behandelt werden.

Die Muslimbruderschaft handelt nach zuvor genannten Maßstäben. Und sie steht überall dort im Hintergrund, wo der islamistische Terror offen zutage tritt. Mohammed Atta, Todespilot des 11. September 2001, war ebenso ein Mitglied der Muslimbruderschaft wie Mohammed Hayder Zammar, der die Hamburger Terrorzelle für al-Qaida rekrutierte. In seiner Heimat Syrien wurde Mohammed Haydar Zammar als Führungsmitglied der syrischen Muslimbruderschaft gesucht – in Deutschland konnte er sich frei bewegen und ungehindert agitieren.

Zammar, 1961 in der syrischen Stadt Aleppo geboren, kam im Alter von zehn Jahren mit seiner Familie nach Hamburg und erhielt bald die deutsche Staatsbürgerschaft. Nach 1991 lebte er vorübergehend in Afghanistan, wo er sich den Mudschahedin anschloss, später auch in Pakistan, Syrien, Jordanien, der Türkei und in Bosnien. Etwa von 1998 an hielt er in Hamburg Kontakt zu Mohammed Atta, Mounir el Montassadeg, Marwan al-Shehhi, Said Bahaji und Ramzi Binalshibh, deren Namen später in Zusammenhang mit dem 11. September 2001 um die Welt gehen sollten.

Seit 1998 war Zammar wegen seiner hasserfüllten radikal islamistischen Äußerungen im Visier deutscher Sicherheitsbehörden. Gelegentlich wurde er observiert, sein Telefon wurde abgehört und alle Anrufe wurden aufgezeichnet. Muslimbruder Zammar rühmte sich später im privaten Kreis, dass er trotz dieser Observationen ungehindert die Hamburger Terrorzelle für al-Qaida rekrutieren konnte.

Nach den Anschlägen des 11. September 2001 hatte Mohammed Zammar bei Vernehmungen durch deutsche Sicherheitsbehörden stets geleugnet, Kenntnis von den Terrorvorbereitungen gehabt zu haben. Nach Jahren der Observation und nach Tausenden abgehörten Telefongesprächen waren deutsche Sicherheitsbehörden so schlau wie zuvor. Ihre Erkenntnis, wonach Zammar seit den Neunzigerjahren dem syrischen Flügel der Muslimbruderschaft angehörte, stammte aus syrischen Geheimdienstkreisen.

Die syrische Muslimbruderschaft wünscht sich nichts sehnlicher als den Sturz des dort herrschenden Alawiten-Regimes. Den Islamischen Staat (IS), der heute in Teilen Syriens herrscht, hat sie mit aufgebaut. Syrien ist in der Vergangenheit brutal gegen die dortigen Aktivisten der Muslimbruderschaft vorgegangen. Im Jahre 1982 etwa ließ der damalige syrische Präsident Hafiz al-Assad in der Stadt Hama mehr als 5000 Anhänger der Muslimbruderschaft töten. Viele syrische Anhänger der Muslimbruderschaft gingen daraufhin ins Exil nach Europa. Und dort trafen sie sich wieder. Sie alle haben heute eines gemeinsam: Sie behaupten, nie Kenntnisse über Anschlagsvorbereitungen gehabt zu haben; sie bestreiten, Mitglieder der Muslimbruderschaft zu sein; sie alle treiben deutsche Sicherheitsbehörden an den Rand des Wahnsinns.

DIE WAHREN ZIELE WERDEN VERHÜLLT

Weil die Muslimbruderschaft ein Geheimbund ist, bekennt sich keines der Mitglieder offen zur Muslimbruderschaft. Es gibt keine Mitgliedsausweise, es gibt kein Vereinsregister. Und auch das Ziel, in Europa ein Kalifat zu errichten, wird abgestritten. Die Mehrheit der europäischen Muslime steht längst unter dem Einfluss der Muslimbruderschaft. Diese setzt alles daran, in Europa die Deutungshoheit über den Islam zu bekommen.

Islamisten aus den Reihen der Tarnorganisationen der Muslimbruderschaft unterscheiden sich äußerlich nicht von anderen Menschen – mit einer Ausnahme: Sie weigern sich aus religiösen Gründen, eine Krawatte zu tragen. Da Krawatten mit einem Kreuzknoten gebunden werden, sehen sie in den Bindern das Abbild des „Unglaubens". Die Verachtung gegenüber westlichem Kulturgut ist bei vielen Mitgliedern der Muslimbruderschaft schon äußerlich erkennbar. Der Westen toleriert das als „Andersartigkeit", ohne die tieferen Hintergründe der Verachtung zur Kenntnis zu nehmen.

Die Muslimbruderschaft ist nicht etwa ein Problem, weil sie radikal ist. Sie ist ein Problem, weil sie ihre wahren Ziele verhüllt. Ihre Fürsprecher tragen westliche Kleidung, sie sind gebildet, sie sprechen unscre Sprache, sie sind smart, geben sich dialogbereit und verdammen in aller Öffentlichkeit den Terror. Kurzum: Sie sind die idealen Gesprächspartner für Politiker, Kirchenführer, Verbände und Stiftungen. Sie verstehen die Funktionsweise unseres politischen Systems. Sie kennen unser Rechtssystem. Und sie missbrauchen beides, um eine ihnen verhasste Kultur zu zerstören.

Ihre Ideologie ist ein Einfallstor für Gewalt. Alle Führer des Islamischen Staates (IS) haben die Schriften der Muslimbruderschaft verinnerlicht. Ihre Botschaft ist die der Intoleranz. Sie wähnen sich über andere erhaben. Ihre Ablehnung von Gewalt in der Öffentlichkeit ist reine Taktik. Sie schleust jetzt so lange als Flüchtlinge getarnte IS-Kämpfer nach Europa bis Gegenwehr zwecklos ist. Und Europa schließt die Augen.

Werner Reichel

LINKER IDEOLOGIE-FUN-PARK VOR DER PLEITE

Eine knappe Stunde von Wien entfernt, im Burgenland zwischen St. Margarethen und Rust am Neusiedlersee, liegt ein großer Freizeitpark. Mit Hochschaubahnen, Karussells, Eisenbahnen, Wasserrutschen, Schaukeln und Dutzenden anderen Attraktionen. Meine Kinder liebten den Park. Mindestens einmal im Jahr fuhren wir hin. So ein Erlebnispark hat Kindern und kindlichen Gemütern viel zu bieten. Hier können die Kleinen alles sein: Lokführer, Pilot, Astronaut, Pirat, Kapitän, Rennfahrer, Ritter, Held. Dafür brauchen sie keine Ausbildung, müssen keine Prüfungen ablegen, müssen nicht trainieren und sich anstrengen.

Im Freizeitpark können die Besucher Abenteuer erleben, ohne jemals in Gefahr zu geraten. Auf der Hochschau- oder in der Geisterbahn schießt das Adrenalin ins Blut, man bekommt Gänsehaut und weiß trotzdem: Es kann nichts passieren. Im Hintergrund arbeiten Sicherheitssysteme, die Bahnen sind vom TÜV geprüft und werden regelmäßig gewartet. Im Park ist jeder ein Held, kann mutig mit Ballkanonen oder Wasserspritzen gegen Feinde und Ungeheuer kämpfen und im nächsten Moment mit Mami Fischstäbchen und Pommes essen.

So ein Freizeitpark ist herrlich, nicht nur für Kinder. Man braucht keine Verantwortung zu übernehmen, wird, ohne dass es den Kindern auffallen würde, rundum betreut, gesteuert, überwacht und fühlt sich trotzdem frei, wild und selbständig, obwohl alle das Gleiche tun. Insofern ist es nachvollziehbar, dass die Linken ganz Europa zu einem Freizeit- und Spaßpark umgebaut haben. Zumal das Konzept solcher Parks dem ökonomischen Konsumier-dich-reich-Verständnis und der Wir-retten-die-Welt-Haltung entspricht.

Das gesellschaftliche Klima, in dem der linke Funpark erbaut wurde, entstand nach dem Zweiten Weltkrieg, als Europa im Spannungsfeld der beiden Großmächte lag und die europäischen Regierungen und die Bevölkerungen sich keine Gedanken um die innere und äußere Sicherheit machen mussten.

Darum kümmerten sich in Westeuropa die Amerikaner, die die Linken stets verachteten. In dieser, von einer Supermacht abgesicherten Zone, mit einer homogenen Bevölkerungsstruktur und einer noch kaum vorhandenen globalen wirtschaftlichen Konkurrenz, herrschten Friede, Wohlstand und Wachstum. Fast zum Nulltarif. Ideale Rahmenbedingungen für Sozialisten, die, wie auch ihre muslimischen Geistesbrüder, bestehende und funktionierende Systeme brauchen, auf die sie ihre weitgehend unproduktiven und parasitären Gesellschaftmodelle aufsetzen können. In dieser Ära, in dieser einmaligen Konstellation begann die Infantilisierung der europäischen Gesellschaften.

Die 68er, die Friedens- und Umweltbewegungen, die diesen einmaligen Sonderstatus Europas für den historischen Normalfall hielten, machten sich daran, den Kontinent zu demilitarisieren, deindustrialisieren, die gewachsenen Strukturen zu dekonstruieren und alles abzuschaffen, zu verbieten und auszulagern, was irgendwie gefährlich, schmutzig, unangenehm und anstrengend ist. Wie in einem Freizeitpark. Der kalte Krieg und damit auch diese historisch einmalige Situation sind lange vorbei, die globalen Macht- und Abhängigkeitsverhältnisse haben sich grundlegend verändert, die Chinesen sind zur führenden Wirtschaftsmacht aufgestiegen, in Forschung und Entwicklung hat Europa den Anschluss verloren, der Migrationsdruck auf die EU wächst, und die einst homogenen Gesellschaften sind durch Genderismus, Familienzerstörung, Massenzuwanderung von Unqualifizierten und Islamisierung atomisiert und instabil geworden, was Despoten, Sozialisten, Terrororganisationen, NGOs und Kriminelle auszunutzen wissen.

Die Linken, die diesen Wandel angestoßen und vorangetrieben haben, haben die Zeichen der Zeit nicht erkannt, ignorieren, dass sich die Welt rund um ihren in die Jahre gekommenen Erlebnispark dramatisch verändert hat. Europa ist innerhalb weniger Jahrzehnte zur globalen Lachnummer verkommen, ein Streber, der sich als Retter des Klimas, des Planeten und der Menschheit aufspielt und nicht einmal in der Lage ist, seine Grenzen, Interessen, Energie- und Rohstoffversorgung zu sichern.

Innerhalb des Freizeitparks merkt man dank Propaganda und Indoktrination davon wenig, reagiert nicht oder falsch auf die globalen Umwälzungen, etwa mit dem Vorantreiben der Deindustrialisierung, die man jetzt modisch Dekarbonisierung nennt. Schwerindustrie, qualmende Schlote und manuelle Arbeit sind in einem Spaßpark fehl am Platz. Stattdessen hat man im Laufe der vergangenen Jahrzehnte immer neue Berufs- und Betätigungsfelder erfunden, die zwar keinen volkswirtschaftlichen Nutzen bringen, dafür gut zu einem ideologischen Spaßpark passen. Auch der Lokführer auf einem Rummelplatz transportiert nichts, und der Pilot fliegt nirgendwohin, sondern nur im Kreis.

Man hat entsprechend des Freizeitparkkonzeptes die Tätigkeiten auf die Bedürfnisse und Vorlieben der Besucher, insbesondere der Frauen und feminisierten Männer, zugeschnitten, die bekanntlich am liebsten etwas „mit Menschen“ machen. Der Psycho-, Sozial-, Coaching-, Beratungs-, Asyl-, Wellness- und Gender-Bereich boomt, der primäre und sekundäre Wirtschaftssektor spielen im Freizeitpark nur eine untergeordnete Rolle. Gender-Beauftragte zu sein, ist allerdings nur auf einem linken Rummelplatz ein Beruf.

Während im Fernen Osten produziert, geforscht und entwickelt wird, beschäftigen sich die Europäer vor allem mit Moral, Ideologie, Weltrettung, Frauenfragen, Radwegen, Diskriminierung, sozialer Gerechtigkeit etc. Wie im Freizeitpark geht man keinen echten Berufen, keinen produktiven Tätigkeiten nach, die eine hochentwickelte Gesellschaft zur Aufrechterhaltung ihres Wohlstands, ihrer Infrastruktur etc. braucht, man dreht sich vielmehr im Kreis, um sich selbst. Menschen, die in solchen Berufsfeldern beschäftigt sind, kümmern sich nicht darum, dass ihr Freizeitpark mit Nahrung, Energie, Ersatzteilen, Technik etc. versorgt werden muss, sie beschäftigen sich ausschließlich mit den Befindlichkeiten der anderen Parkbesucher respektive Insassen. Im linken Freizeitpark kann jeder sein, was er möchte: Mann, Frau oder irgendein Zwischenwesen, denn Geschlechter sind hier nur ein soziales Konstrukt. In einer konstruierten Welt ist alles ein Konstrukt, sprich Schein. Deshalb löst man in diesem Park auch keine realen, sondern nur konstruierte Probleme. Man kämpft etwa mutig gegen Rechts – die Nazi-Geisterbahn ist eine der beliebtesten Attraktionen im europäischen Freizeitpark –, während die Islamisten Staat und Gesellschaft in atemberaubendem Tempo unterwandern und übernehmen.

In der Scheinwelt des Freizeitparks sind alle Menschen gleich an Talenten und Fähigkeiten. Oder besser: alle Freizeitparkbesucher. Das Personal und die Finanziers dieser Einrichtung, also jene, die im Hintergrund schuften, um den Park am Laufen zu halten, sind davon ausgenommen. Fahrgeschäfte zu konstruieren, zu reparieren und zu warten, gilt unter den Parkbesuchern als minderwertige Tätigkeit, man sieht auf die arbeitende und produzierende Klasse herab. Adam Soboczynski, Feuilletonchef der linken Wochenzeitung „Die Zeit“, eine der führenden europäischen Freizeitparkpostillen, schrieb über das Verhältnis zwischen Parkbesuchern und Personal, also zwischen den Menschen, die von steuergeldfinanzierten Schein- und Spaßjobs leben und der Arbeiterklasse und der in der Marktwirtschaft tätigen Mittelschicht: „Es gibt sie natürlich nach wie vor, aber sie sind unsichtbar. Keine satisfaktionsfähige TV-Serie zeigt ihren Alltag, kein Werbespot würde sie zum Handlungsträger machen, für niemand in meiner Akademikerschicht sind sie noch ein über die Dienstleistung hinausgehender Bezugspunkt oder gar ein Vorbild, nach dem man sein Leben ausrichtet. Sie sind nicht arm, sie sind nur unbedeutend und out.“

Die Parkbesucher geben sich als weltoffen, urban, tolerant progressiv – sonst haben sie nichts, worauf sie stolz sein könnten. All jene, die ihnen diesen Lifestyle ermöglichen, gelten hingegen als minderwertig, zurückgeblieben, wertlos. Der Soziologe Helmuth Schelsky (1912–1984) schrieb: Die Klasse der Heilsherrscher, also die Parkbesucher, lebt „immer von der Arbeit der anderen“, deren „Alltagsmühen und -anstrengungen sie gleichzeitig als minderwertige Lebensform verleumden und ausbeuten“.

Im Freizeitpark gibt es eine Zweiklassengesellschaft: Anywheres und Somewheres, Progressive und Ewiggestrige, Weltoffene und Rassisten, Linke und Rechte, Elite und Minderwertige. Soziales Prestige genießen nicht jene, die produktiven Tätigkeiten nachgehen, die Unternehmen gründen, im MINT-Bereich arbeiten und in der Marktwirtschaft erfolgreich sind, also primär die dummen, weißen Männer, sondern jene, die es sich im Freizeitpark bequem eingerichtet haben, die Medienmenschen, die studierten Mitarbeiter des Öffentlichen Dienstes, die Beschäftigten der Sozialindustrie, die Kulturschaffenden und jene, die von ihrem Opferstatus als sexuelle Minderheiten, Migranten oder Muslime leben. Nicht Prinzessin oder Ritter, sondern Opfer ist die beliebteste Rolle im Freizeitpark. Deshalb sind alle Besucher irgendein Opfer, nur das Personal und die Zulieferer dürfen beim Wer-ist-besonders-benachteiligt-Spiel, genannt „Intersektionalität", nicht mitmachen. Irgendwer muss schließlich der Täter sein und dafür sorgen, dass die Opfer immer gut versorgt werden und ihren Spaß haben. Spaß wollen die Opfer immer haben, Spaß verstehen sie aber keinen. Bei Spaßverderbern, also Kritikern und Andersdenkenden, hört sich der Spaß im Freizeitpark auf. Klar, wer will sich schon in so einem Freizeitpark mit dem Ernst des Lebens, mit echten Problemen auseinandersetzen.

Der linke europäische Freizeitpark funktioniert wie die Spaß- und Erlebniswelten für Kinder. Beide müssen in ein größeres, hochkomplexes und produktives System eingebettet sein. Freizeitparks wie Legoland oder Disneyworld brauchen eine umfangreiche Infrastruktur und eine hochentwickelte, wohlhabende Gesellschaft, die diese Einrichtungen mit allem Notwendigen versorgen. In Haiti oder im Kongo gibt es weder Erlebniswelten noch Gender-Beauftragte.

Gute Freizeitparks gibt es nur in kapitalistischen Systemen. Was alles nötig ist, um solche Parks betreiben zu können, übersteigt das kindliche Vorstellungsvermögen. Linke denken sich gerne neue Parks und Attraktionen aus (Grundeinkommen für alle, Multikulti etc.), ohne sich darüber Gedanken zu machen, was dafür an Ressourcen, Energie, Strukturen, Anstrengungen etc. notwendig ist. Deshalb verwandeln sich linke Utopien stets in Alpträume. Linke denken immer von der Utopie her, sie fragen sich nicht, wie die Welt ist, sondern wie sie sein soll. Sie beschäftigen sich damit, wie die Attraktionen in einem Freizeitpark aussehen sollen, aber nicht damit, was es dazu braucht, sie zu konstruieren, zu bauen und zu betreiben. Was sich hinter der bunten Kulisse verbirgt, kümmert sie nicht. Wohlstand entsteht nicht durch Umverteilung, Integration erreicht man nicht mit Dialog, Kriminalität und Terrorismus bekämpft man nicht mit Sozialleistungen, Windräder können keine Industrienation verlässlich mit Strom versorgen und die beiden Geschlechter sind keine sozialen Konstrukte, sondern biologische Tatsachen.

Linke wollen die Gesellschaft verbessern, aber selbst nichts zum Erhalt oder Funktionieren einer solchen beitragen. Wer in einem Freizeitpark sozialisiert worden ist, für den ist es selbstverständlich, dass alles funktioniert, wir in Wohlstand und Frieden leben, Gesundheits- und Sozialsysteme funktionieren, immer genügend Energie und Geld vorhanden ist etc. Greta Thunberg ist ein nahezu perfektes Maskottchen für den europäischen Freizeitpark: naiv, fordernd, trotzig, unduldsam, hedonistisch, unproduktiv und stets auf fremde Hilfe angewiesen.

Welche enorme Anstrengungen, wieviel Wissen und Erfahrungen es braucht, damit ein Freizeitpark oder eine Industriegesellschaft funktionieren, ist den Parkbesuchern, die in irgendwelchen unproduktiven Gaga-Berufen herumkaspsern, nicht bewusst. Nein, nicht die Kapitalisten und Unternehmer sind die Ausbeuter, sondern jene linke Schicht, die es sich im staatlichen und staatsnahen Bereich bequem eingerichtet hat und von den angeblichen Ausbeutern lebt. Der Schriftsteller Michael Klonovsky hat es so ausgedrückt: „Die heutige Linke will nicht mehr der Widerpart oder Überwinder des Kapitalismus sein, sondern sein Parasit."

Und weil Marktwirtschaft selbst dann noch leidlich funktioniert, wenn sie von Linken gegängelt, reguliert und deren Akteure bis zum Scheitelpunkt der Laffer-Kurve ausgepresst werden, lädt das politmediale Establishment immer mehr Menschen ein, den Park dauerhaft zu besuchen. Die ganze Welt soll zum Freizeitpark werden bzw. in den Freizeitpark kommen. Politiker wie Angela Merkel, Annalena Baerbock oder Ursula von der Leyen handeln und denken stets aus der Perspektive des Parkbesuchers, nicht aus der des Betreibers, Cheftechnikers oder kaufmännischen Geschäftsführers. Deshalb sagen sie gerne: „Man muss" oder „Wir müssen". Sie meinen damit immer das Personal, niemals sich und die anderen Parkbesucher.

Auch immer mehr Bürger verwechseln den europäischen Freizeitpark mit der Realität und verdrängen alle Entwicklungen und Ereignisse, die nicht in diese bunte Kulissenwelt passen. Doch diese Scheinwelt ist akut gefährdet, nicht erst seit den Corona-Lockdowns, die die EU-Chefin Ursula von der Leyen als „großartige Chance des Wandels" sieht, oder seit dem Ukraine-Krieg mit all seinen Konsequenzen für Europa. Sie und ihre Clique wollen die aktuellen Krisen nutzen, um ihren Park weiter auszubauen.

Doch es könnte anders kommen. Wie alle sozialistischen Experimente zuvor muss auch dieses scheitern. Der Freizeitpark wird zwangsläufig Pleite gehen und die von Politik und Medien eingelullten Europäer werden sich der Realität stellen müssen. Dann ist es vorbei mit der Klimaweltrettung, den Multikulti- und Gleichheits-Phantasien, den Gender-Blödeleien, dem fröhlichen Opfer-Kult oder dem Schattenboxen gegen Rechts. Dann muss man sich plötzlich echten Feinden, Gefahren und Herausforderungen stellen, dann geht es wieder darum, worum es im echten Leben immer geht: ums Überleben.

AUTOREN

Dr. Udo Ulfkotte, geboren 1960, studierte in Freiburg und London Rechtswissenschaften und Politik. Von 1986 bis Ende 2003 schrieb Ulfkotte für die Frankfurter Allgemeine Zeitung. Viele seiner Bücher wurden zu Bestsellern, darunter „Vorsicht Bürgerkrieg!" (2009), „Gekaufte Journalisten" (2014) und „Die Asylindustrie" (2015). Seine Spezialgebiete waren Sicherheitsmanagement, die Mainstreammedien und die Islamisierung Europas. Udo Ulfkotte verstarb am 13. Januar 2017.

Mag. Werner Reichel, geboren 1966 in Niederösterreich, studierte Völkerkunde, Publizistik und Kommunikationswissenschaften in Wien. Er ist Journalist, Verleger und Autor mehrerer Bücher, darunter „Die roten Meinungsmacher" (Baden-Baden, 2012) „Der deutsche Willkommenswahn" (Wien, 2018), „Kickl muss weg" (Wien, 2019) und „Die kinderlose Gesellschaft (Graz, 2022).

IMPRESSUM

Udo Ulfkotte
GEHEIMPLAN EUROPA
Wie ein Kontinent erobert wird
Mit einem Essay von Werner Reichel

Frank&Frei
Wien 2022
Vierte, erweiterte Auflage
frankundfrei.online

ISBN: 978-3-903236-64-6
eISBN: 978-3-903236-65-3

Gedruckt in der EU

Frank&Frei